10년 해도 안 되는 영어, 체질개선 프로젝트

뻔뻔한 영철영어

1판 1쇄 발행 2007년 12월 20일
1판 16쇄 발행 2013년 3월 7일

지은이 김영철
감수자 이근철

발행인 양원석
총편집인 이헌상
편집장 오수민
책임편집 유정윤
해외저작권 황지현, 지소연
제작 문태일, 김수진
영업마케팅 김경만, 임충진, 곽희은, 주상우, 장현기,
　　　　　　임우열, 정미진, 송기현, 우지연, 윤선미

펴낸 곳 ㈜알에이치코리아
주소 서울시 금천구 가산동 345-90 한라시그마밸리 20층
편집문의 02-6443-8800　**구입문의** 02-6443-8838
홈페이지 www.dobedobe.com
등록 2004년 1월 15일 제2-3726호

ⓒ 김영철, 2007

ISBN 978-89-255-1492-5 (13740)

※ 두앤비컨텐츠는 ㈜알에이치코리아의 어학 전문 브랜드입니다.
※ 이 책은 ㈜알에이치코리아가 저작권자와의 계약에 따라 발행한 것이므로
　 본사의 서면 허락 없이는 어떠한 형태나 수단으로도 이 책의 내용을 이용하지 못합니다.
※ 잘못된 책은 구입하신 서점에서 바꾸어 드립니다.
※ 책값은 뒤표지에 있습니다.

RHK 는 랜덤하우스코리아의 새 이름입니다.

10년 해도 안 되는 영어,
체질개선 프로젝트

뻔뻔한 영철 영어

김영철 지음 | 이근철 감수

YOUNGCHUL ENGLISH
추천사

김대균 _EBS 토익 강사

토익을 오랫동안 가르치면서 학생들이 "어떻게 하면 회화를 잘 할 수 있을까요?"라는 질문을 할 때마다 "열심히 꾸준히 해야죠."라는 말 외에 딱히 해줄 말이 없었다. 그런데 아주 좋은 모델을 하나 발견했다. 바로 개그맨 김영철. 부지런히 학원 다니고, 게다가 어학연수 한 번 안 가고 정복한 영어라니 더 끌리지 않는가? 이 책에 그 비법이 다 있다. 토익 만점도 중요하지만 자신감 있게 말하고 웃기기도 하는 영어라니 나도 부러울 따름이다. 앞으로 영어로 토크 쇼를 진행하고 싶다는 그의 꿈이 멀지 않은 것 같다.

브라이언 _가수

영철이 형과 영어로 대화할 때마다 느끼는 것은 정말 편하고 자연스럽게 말한다는 거랍니다. 전 미국에서 태어나고 18년 동안 미국에서 생활했지만 영철이 형같이 국내에서만 공부한 사람이 유창하고 자연스럽게 영어로 말하는 것을 보면 너무 신기해요. 이 책을 보고 그게 다 삼 년간 학원가를 발로 뛰고 열심히 노력한 끝에 얻은 결과라는 것을 알게 되었죠. 독자 여러분도 영철이 형의 웃음과 땀이 섞인 100퍼센트 체험 노하우로 든든한 영어 힘을 얻어 가세요! "영철이 형, 축하해! 형이 열심히 노력한 만큼 좋은 결과가 나왔잖아~"

아이작 더스트 _EBS 영어 강사

배울 때 무엇보다 중요한 것은 열망이다. 김영철의 열정과 추진력은 정말 대단하다. 몇 년 전 그를 만났을 때 그는 막 영어에 열을 올리기 시작하던 차였다. 그랬던 그가 이렇게 짧은 시간 안에 해냈다. 나는 운 좋게도 한국 최고의 영어 강사들과 일해 왔다. 그들에게는 몇 가지 공통점이 있다. 훌륭한 선생이 되기 위해서는 훌륭한 학생이 되어야 한다는 것. 김영철의 경우 두 가지 모두에 해당한다. 그는 좋은 친구, 좋은 사람, 좋은 학생 그리고 좋은 선생이다. 그의 열정에는 전염성이 있기 때문에 이 책으로 많은 사람들에게 도움을 줄 수 있을 것이다. "끝까지 해내, 영철!"

이성미 _개그우먼

영어로 웃기겠다길래 한국말이나 제대로 하라고 했는데 영철이가 결국 해냈다. 쉽고 재미있게 생활 속에서 정복하는 영어. 언어는 꼭 그곳에 가서 배워야 한다는 고정관념을 깨뜨려버린 웃기는 녀석, 영철이가 기특하기만 하다. 몸으로 제대로 부딪혀가며 건진 노하우들이라 영어 공부하는 사람들에게 큰 힘이 될 것이다. "영철아, 다음 편 기대해도 되니?!"

정선희 _MC, 개그우먼

읽는 내내 '야, 맞어맞어~ 얘 이렇게 공부했어'라는 생각이 들었어요. 그 어떤 누구도 "진짜 이렇게 했나요?"라고 반문하지 못할 거에요. 이 책 보면서 그동안 잠시 손 놓았던 영어를 다시 해야겠다는 생각이 드네요. 우리나라에서도 충분히 할 수 있어요. 제가 일본 가지 않고 일어를 할 수 있는 것처럼요. 토익 900점 넘는 것도 중요하지만 즐겁게 당당하게 영어 한마디 해보는 것이 더 끌리지 않나요? "영철아, 넌 앞으로 영어만 하고 절대 일본어는 하지마. 누나가 하고 있잖아~ ㅋㅋ"

감｜수｜자｜의 말

초등학교 시절 회화 몇 마디를 외우고 싶어 주머니에 넣고 다니던 꼬깃한 메모지를 손에 들고, 처음 보는 파란 눈의 외국인에게 더듬더듬 말 건네던 가슴 떨리는 기억이 아직도 생생합니다. 그런데 지금 이렇게 영철 씨의 책을 위해 감수의 글을 쓰고 있다니 감회가 새롭군요.

2002년부터 시작된 김영철 씨와의 만남은 저에게 '각별한, 보람 있는, 보기에 뿌듯한, 서로 자극되는, 늘 노력해서 멋진'과 같은 단어를 떠올리게 합니다. 사람 사이의 인연은 이렇게 새로운 의미들을 탄생시키게 되는가 봅니다.

저는 영철 씨가 영어 공부에 대한 뜨거운 첫마음과 포부를 안고 차근차근 한 계단씩 열정을 다해 오르는 모습을 옆에서 줄곧 지켜보았죠. "Hi, how are you?" 한 마디와 긴 침묵이 전부였던 영철 씨의 첫 영어통화가, '간단·상큼한 표현으로 외국인 웃기기 → 영어 인터뷰하기 → 대학교에서 회화 가르치기 → 영어 방송 채널에서 영어로 프로그램 진행하기' 등으로 이어지기까지 정말 많은 변화를 겪어왔습니다. 물론 '99퍼센트 영철 씨의 부단한 노력, 그리고 1퍼센트 멘토들의 도움'이 그 결과의 공식이구요.

그렇기 때문에 여러분도 이 책을 통해 영철 씨와 공감대를 형성하고 긍정적인 자극을 받을 수 있으리라 생각합니다. 또 이 책에 나온 구체적인 실천 방안들을 바탕으로 자신에게 맞는 실천 계획을 세우고 영철 씨와 함께 영어 발전의 호흡을 맞출 수 있는 기회를 잡게 되리라 확신합니다. 여러분도 지금 당장 시작하세요!

Remember it's now or never!
영철, I'm so proud of you, bro^^

이근철
영어 전문가, KBS FM 〈굿모닝팝스〉 진행자

프롤로그
영철이가 한다면 당신도 할 수 있다!

2003년 9월, 강남 학원가에 데뷔할 때 내 각오는 무척 대단했다.
'무슨 일이 있어도 한 달만 버텨내자!'
그전까지 나는 영어를 공부하겠다는 기특한 마음을 먹고 학원에 도전했지만 매번 일주일을 넘기지 못해 포기하고 말았다. 이상하게도 학원 수업을 서너 번 듣고 나면 갑자기 몸에서 열이 나고, 친구들 생일이 많아지고, 방송 스케줄이 늘어났다. 더욱 이상한 것은 그런 증상들이 영어 학원을 멀리하면 감쪽같이 사라진다는 것! 그것이 모두 핑계라는 것을 스스로 인정하게 된 때는 6개월 동안 꾸준히 학원에 다니면서 영어가 익숙해진 후다. 해를 거듭하면서 더 많은 변화가 일어났다. 어느 날 갑자기 귀가 트이더니 곧 영어 말문이 열렸고 방언을 하듯 내 몸에서 영어가 쏟아져 나왔다. 그 기분은 영원히 오르지 못할 산에 오른 것처럼 통쾌했다.
내 영어 공부의 키워드는 뻔뻔함과 오버액션이다.
'수준은 왕초보이지만 입 모양과 손짓만은 말 잘하는 오프라 윈프리가 영어를 하는 것처럼 유창하게~'
가뜩이나 영어도 못하는데 주눅 든 사람처럼 기어들어가는 목소리로 하면 더욱 못하게 보인다는 것이 내 지론이다. 또 바로 그 주눅이 영어 실력을 늘지 않게 하는 주범이라고 나는 확신한다.
이 책의 내용 역시 뻔뻔함과 오버액션을 통해 영어가 공부가 아닌 일상생활이 되게 하는데 집중했다. 그 기본은 영어를 상전 대하듯 어렵게 공부하지 말고 최대한 만만하게 대하고 즐기는 것이다. 바로 그런 정신이 회화뿐만 아니라 문법, 듣기, 쓰기 등 영어 공부의 전 영역에 걸쳐 스며들도록 하는 게 이 책의 목표이자 내 바람이다. 나는 외국에서 공부한 경험도 없고 전문적이고 과학적인 학습법을 알려줄 수도 없다. 하지만 국내 토종의 영어 공부 산전수전이 다 들어 있는 '생생한 체험 영어 학습서'가 되도록 만전을 기했다. 내가 바라는 것은 이 책을 읽은 독자들이 마지막 장을 덮으며 이런 생각을 하는 것이다.

'까짓 거. 영철이도 했는데 나라고 못하겠어!!'

그 마음을 유지하며 영어 공부에 도전한다면 분명 영어 정복의 날이 올 것이라고 확신한다. 내가 바로 그 산증인이기 때문이다.

마지막으로 포기하지 않고 공부할 수 있도록 도와준 이들에게 고맙다는 말을 전하고 싶다. 영어의 모든 표현을 이해하고 싶다는 흑심(?)을 갖게 한 마야 선생님, 왕소심 A형의 밴댕이 기질을 발끈하게 만든 A양, 수없이 괴롭혀도 절대 미워하지 않는 이근철 선생님, 부족한 내 영어를 아낌없이 채워주는 유정이를 비롯하여 내 휴대전화에 저장돼 있는 수백 명 모두가 나의 은인들이다.

2007년 11월 김영철

추천사 _ 4
감수자의 말 _ 6
프롤로그 _ 8

Contents
YOUNGCHUL ENGLISH

01 Don't Miss Out!
'영어 열공'의 기회, 절대 놓치지 말자!

01 내게 찾아온 '영어 신호'에 귀 기울여라 _ 16
영어 굴욕의 서막 _ 16
역발상으로 잡은 '영어 열공'의 기회 _ 21

02 영어의 망망대해에서 나만의 섬을 찾는 법 _ 24
코미디 페스티벌에서 찾은 '꿈' _ 24
구체적인 목표로 '방향성 있는 에너지'를 얻어라 _ 27

03 내 영어를 생중계하라~ _ 30
나를 키운 건 팔 할이 입방정 _ 30
목표는 생중계하고, 실행으로 수습한다 _ 34

04 모든 영어 증후군의 응급약, 'JUST DO IT!' _ 37
영철이가 겪었던 영어 증후군 시리즈 _ 37
'실천'이라는 이름의 처방전 _ 40

05 '좌 근철 우 마야', 멘토의 힘 _ 43
인생에도 영어 공부에도 나만의 멘토를 찾아라 _ 43
내 영어 & 인생의 코디네이터, 근철 샘~ _ 44
영어 울렁증을 극복하게 해준 그녀, 마야 샘~ _ 48

〈영철이의 제안1〉 자신의 영어 프로필을 만들어보자~ _ 54

02 Mind Set
고지를 넘기 위해 필요한 '작심'들

01 비호감과 뻔뻔함으로 무장하라 _ 58
개벽! 비호감들의 시대가 열리다 _ 58

비호감들의 영어 모토, 'Do or Die!' _59
비호감과 뻔뻔함에 갖춰야 할 2퍼센트 _61

02 영어 회화의 베스트 프렌드, 오버액션 _66
드라마에서 배운 '오버액션의 힘' _66
웅얼웅얼~ 읊조리는 영어 회화 탈출 노하우 _69

03 '잘하겠다'는 마음이 아니라 '틀려도 된다'는 마음으로 공부하라 _72
입속의 수갑, 강박관념을 푸세요~ _72
고체 영어에서 액체 영어로 체질개선하기 _74

04 부딪힐수록 강해지는 영어 근육 _77
'Teaching is Learning', 대학 시간 강사 도전기 _77
또 하나의 도전, BBC와의 인터뷰 _82

05 영철이도 하는데, 나라고 못하겠는가! _87
비호감 영어, 호감 영어로 돌아오게 해준 '영철영어' _87
'영철영어'에서 자신감과 영어 표현 다 퍼가세요~ _89

06 제발 수다 좀 떨자고요~~ _92
'수다'가 경쟁력인 이유 _92
영어 대화 '작문'하지 말고, '즐겁게 소통'하세요~ _94

〈영철이의 제안2〉 후천적 '뻔뻔함' 만들기 5계명 _98

03 생활 영어습관 Project 1
해외 연수 가지 않고 영어 환경 만드는 법

01 취미와 호기심의 10퍼센트는 영어로 해결하라 _102
관심사가 영어를 만났을 때 _102
할리우드 소식은 '메이드 인 할리우드'로 접한다 _103
미국 드라마, 절대 멍하니 보지 않는다 _105

02 인터내셔널 휴먼 네트워크 만드는 법 _108
적극적으로 '상황 거미줄'을 쳐라 _108
갈 사람은 가고, 올 사람은 반드시 오게 만드는 힘, 오픈 마인드 _111
멀든 가깝든 이메일로 교제 한다 _112

Contents
YOUNGCHUL ENGLISH

03 Thank you, 영어 1촌들 _116
아이작 형과의 주거니 받거니 '랭귀지 익스체인지' _116
글로벌 감각을 키워준 유정 _119

04 내 생활에 영어를 '흐르게' 하는 아이디어 _121
내 알람은 전화 영어, 자장가는 영어 뉴스 _121
일상에서 규칙적으로, 꾸준히! _122

05 여행은 즐거워~~ _126
할 말은 다 해보는 '체험, 영어 여행!' _126
좌충우돌 영철이의 미국 여행 에피소드 하나, 'Act your Wage.' _130
에피소드 둘, "My girl friend is Ben & Jerry's." _131
에피소드 셋, 시카고의 잠 못 이루는 밤 _133
에피소드 넷, 과연 영어의 끝은 어디인가? _134

06 익숙한 곳에서 발견하는 '새로운 영어 길' _137
교회에서도 영어를~ _137
노력만큼 보이는 길 _140

〈영철이의 제안3〉 영철이의 라이프스타일에서 찾아보는 자투리 영어 _144

04 생활 영어습관 Project 2
학원 공부 작심 1주의 한계 웃으면서 뛰어 넘는 법

01 영어 소시민 최고의 달란트, '노력' _148
선천적 재능 vs 후천적 다리품 팔기 _148
'작심 일주일'의 한계를 극복하는 영철이식 학원 수강 프로젝트 _150

02 영어는 '외국인'이 아니라 '선생님'께 배우세요~ _155
약은 약사에게 공부는 선생님에게 _155
제대로 배우는 학생의 자세 _157

03 학원에서는 '스타'가 되자 _160
내가 빠지면, 학원 김이 빠진다! _160
장기 수강자들을 위한 스타 되기 노하우 _163

04 그분이 오셨어요. 슬럼프 건너뛰기 _166
초대받지 않은 그분과의 상봉 _166

영철이식 '슬럼프 허들 넘기' _167

〈영철이의 제안4〉 어학연수를 고민 중인 그대에게 _174

05 Focus Study
내 특성의 주파수를 맞춰 공부하는 파트별 영어 노하우

01 speaking: 오버액션 성대모사로 연마한 스피킹 _178
오직 '스피킹'으로 월반하다! _178
최단 시간에 뼛속부터 회화 체질로 개선하는 스피킹 노하우 _179

02 listening: CNN으로 리스닝하지 않았다오~ _187
Fee first? 리스닝 굴욕 _187
집중력 5분의 한계를 돌파하는 영철이식 리스닝법 _189

03 reading: 산만한 영철이의 맞춤 리딩 _196
리딩의 기초와 중심은 '흥미'로 고정시킨다 _196
세상과 나의 접점을 찾는 업그레이드 리딩 교재, '영자 신문' _197
단편 소설에서 장편 소설까지~, '리딩 호흡 늘리기' _199

04 writing: 영작의 고뇌, 메신저와 이메일로 pass _203
자신의 영어 히스토리를 기록하라 _203
피드백이 있는 글쓰기, 메신저 & 이메일 활용법 _205

05 grammar: 다시 시작하는 문법 _209
영철이식 영어의 불균형을 바로잡은 헤이든 샘 _209
문법과 제대로, 다시 만나야 하는 시간 _214

06 vocabulary: 단어, 절대 무작정 외우지 마라 _217
단어 전쟁 _217
암기 싫어하는 영철이의 어휘 쫙쫙 늘리기 노하우 _220

〈영철이의 제안5〉 알파벳 26자로 만드는 내 영어의 신조 _224

에필로그 _226
부록 영철영어 뒷담화 _229

01 내게 찾아온 '영어 신호'에 귀 기울여라

02 영어의 망망대해에서 나만의 섬을 찾는 법

03 내 영어를 생중계하라~

04 모든 영어 증후군의 응급약, 'JUST DO IT!'

05 '좌 근철 우 마야', 멘토의 힘

영어 10년 해도 주눅 들고 창피하고 허무하다고? 나를 둘러싼 이 모든 굴욕감은 '영어 제대로 한번 공부해야 한다'는 신호. 내게 주어지는 끊임없는 영어 신호에 귀 기울여보자. 만약 정신이 번쩍 들 정도로 강력한 신호라면 바로 당장 영어 공부에 박차를 가해야 할 때다.

PART 01

Don't Miss Out!
'영어 열공'의 기회, 절대 놓치지 말자!

Y O U N G C H U L   E N G L I S H

01 YOUNGCHUL ENGLISH

내게 찾아온 '영어 신호'에 귀 기울여라

영어 굴욕의 서막

    2005년 모 연예 프로그램에서 내가 3년 동안 꾸준히 영어 공부를 하는 사실이 처음 알려진 후 만나는 사람마다 반응은 비슷했다.

    "어이, 영철이. 혀로 드리블 좀 하던데. 영어 공부를 시작하게 된 특별한 계기가 뭐야?"

    "어머머, 난 탤런트 김영철 씨 얘긴 줄 알았어. 넌 미국 비자도 없어 보여서 말이야. ㅋㅋㅋ"

    '미국 비자도 없어 보인다??'

    기분 좋은 말은 아니지만 나 역시 공감 가는 부분이다. ㅜㅜㅜ 한마디로 나는 결코 영어와 친하기 어려울 것 같은 외모의 소유자. 그런 내가 독을 품고 영어 공부를 하게 된 데는 그럴 만한 사연이 있다. 이른바 《뻔뻔한 영철영어》에서 독점 공개하는, 나의 굴욕 사건!

그러므로 지금부터 하는 이야기는 'off the record_{비공개}'여야 한다. 이번만큼은 독을 품고 영어 공부를 하리라 굳게 결심하고 이 책을 읽는 당신과 나만이 알아야 할 공공연한(?) 비밀이라고나 할까?

때는 2003년 9월 어느 날. 그러니까 내가 캐나다 몬트리올에서 열린 코미디 페스티벌에 다녀온 후 영어 공부의 필요성을 새삼 깨닫고 열심히 학원에 다니고 있을 무렵, A양에게서 전화가 걸려왔다. A양은 나와 아주 가깝지는 않지만 오빠, 동생 하며 편하게 지내는 사이였다.

"오빠, 나야."

"응. 웬일?"

"몬트리올 코미디 페스티벌 다녀왔다며?"

"어."

"오빠, 영어 인터뷰해라."

"영어 인터뷰?"

"어.《코리아헤럴드》의 아는 기자랑 만나 우연히 오빠 이야기했더니 인터뷰하고 싶대. 오빠가 요즘 영어 공부도 열심히 하고, 코미디 페스티벌에도 한국에서는 오빠 혼자 다녀왔잖아."

"그래? 뭐,《코리아헤럴드》랑 인터뷰하면 나야 영광이지."

"맞아 오빠. 근데 그 기자가 한국말을 아주 조금밖에 못 해."

영철이와 함께 영어 공부 여행을 떠나요. 유후~

"뭐? 어휴, 나 안 할래. 자신 없다, 얘. 나 그 정도 실력 안 돼. 이제 막 영어 학원 다니기 시작했어."

"에이 뭐, 어때. 오빠 재미교포 선생님하고도 공부했었다며. 그냥 영어 공부한다 생각하고 하면 되지 뭐."

"싫어. 그냥 나 혼자 조용히 공부할래."

"아이 참, 오빠는. 걱정 마. 내가 도와줄게. 내가 또 한 영어 하잖아."

"정말?"

이렇게 해서 나는 《코리아헤럴드》와 인터뷰를 하게 되었다. 약속한 대로 A양은 인터뷰 장소에 나와 주었고, 덕분에 편안한 마음으로 기자와 인사를 나누었다. 하지만 당시 나는 학원에 다닌 지 얼마 되지 않아 영어로 약간의 인사말을 나눌 수 있는 수준이었다. 단지 의욕만 앞서던 때였으므로 당연히 첫 질문부터 헤매기 시작했다.

기자 : **Why did you go to Canada?** 캐나다에는 왜 갔던 거예요?

영철 : **I do…** 아니, 아니… 음… **I participate in comedy festival because I am comedian, so I want make funny everybody.** 버벅, 버벅….

"코미디 페스티벌에 참여하기 위해서입니다. 왜냐하면 저는 코미디언이고, 영어로 전 세계 사람을 웃기고 싶었거든요"라고 말하고 싶었으나 머리도 입도 따라주지 않았다. -_-;

A양 : 어? 오빠, 그렇게 말하면 못 알아듣지. 내가 도와줄게.

영철 : 아냐, 못해도 내가 한번 해볼게. **I went... oh, no. I gone to Montreal....**

A양 : 잠깐만 오빠. 이 질문은 내가 정리하고 넘어갈게. **He is a comedian**

in Korea. As a comedian he wanted to participate in Montreal's *Just for Laughs Festival*. He went to Canada because the world's top comedians all take part in Montreal's *Just for Laughs Festival*.
이 친구는 한국에서 코미디언이에요. 그래서 몬트리올 코미디 페스티벌에 참여하고 싶었던 거죠. 몬트리올 코미디 페스티벌은 세계적으로 유명한 코미디언들이 모이는 페스티벌입니다. 이것이 그가 캐나다에 다녀온 이유예요.

기자 : **Oh, I got it.** 아, 그래요.
영철 : ……..

A양의 영어 실력은 알려진 대로 수준급이었다. 그 후 나는 기자의 질문에 대답을 할 때마다 A양을 쳐다보았고, 기자가 내 말을 이해하지 못하면 그녀는 눈치 있게 나에게 확인해서 도와주었다. 그런 그녀의 모습에 '아, 나도 이 친구처럼 되고 싶다'라는 생각을 하게 되었다. 하지만 이런 화기애애한 분위기는 그리 오래가지 않았다. 일정을 묻는 말에 나는 더욱 심하게 버벅댔고 내가 헤매면 헤맬수록 A양과 기자는 답답해하는 표정이 역력했다.

"First, I go to Vancouver, and then go to Montreal…. 처음에 밴쿠버로 갔다가 그다음에 몬트리올로…."

"잠깐! 오빠, 지나간 일이니까 과거 시제로 말해야지. 어휴, 정말. 오빠, 학원 다니는 거 맞아?"

A양의 말에 나는 기분이 상했지만 마음을 가라앉히고 다시 용기를 냈다.

"어, 미안. 다시 할게. Sorry. 음… First I go, 아, 아니 went…."

하지만 당황하기 시작하자 아무런 생각이 나지 않았다. 머릿속은 완전한 암전 black out 상태. 평소 잘 쓰던 단어도 뜻이 가물가물하고 알고 있던 동사들은 시제

가 뒤엉켜 두서없이 튀어나왔다. 마침내 A양의 인내심은 한계에 다다르고야 말았다.

"오빠, 도저히 안 되겠다. 차라리 한국말로 해라. 내가 통역할게."

'도저히', '차라리'라는 말과 함께 내 자존심도 쿵! 하고 내려앉았다.

"어, 그럴래? 어, 어, 그러니까… 밴쿠버를 거쳤다가 몬트리올로 갔고, 코미디 페스티벌은…" (ㄱ-;)

그 후 인터뷰는 일사천리로 진행되었다. A양은 아주 즐거운 표정으로 내 말을 전했지만 너무 말이 빨라 정작 인터뷰 대상 interviewee인 나는 잘 알아들을 수 없었다. 게다가 A양은 노골적으로 나를 배제하고 마치 자신이 인터뷰이인 양 기자와 이야기를 나누었기 때문에 내가 할 수 있는 일은 그저 가만히 있다가 그들이 웃을 때 함께 웃는 것뿐이었다. 두 사람의 대화 내용도 모른 채 옆에 앉아 한 시간 이상 어색한 썩소(?)를 짓고 있는 내 모습은 정말 처량하기 그지없었다. 하지만 상처받은 자존심을 겉으로 표현하지 않으려면 다른 방법이 없었다.

역발상으로 잡는 '영어 열공'의 기회

인터뷰 내내 내 머릿속은 '굴욕humiliation'이라는 단어로 꽉 차 있었다. 나는 너무 창피해 A양과 기자 얼굴을 제대로 볼 수 없었다. 왠지 영어를 잘하지 못하는 내가 큰 죄인이 된 듯해 얼굴이 화끈거렸다.

인터뷰를 마치고 돌아가는 길에 가슴 깊은 곳에서 무언가가 꿈틀하고 솟아올랐다.

'영철, 이렇게 창피를 당하고도 영어 공부 안 할래? 지금부터라도 열심히 해서 오늘의 수치심을 언젠가는 그녀 앞에서 유창하게 영어 실력을 뽐내는 것으로 복수해야 하지 않겠니?'

그건 결심이 아니라 독기에 가까운 절규였다. 이렇게 A양과의 '슈퍼 울트라 잘못된 만남'은 내게 영어 공부의 의지를 불태워주었고 그날 이후 나는 영어 공부에 더욱 몰입하게 되었다.

그 후로도 A양은 결코 나를 실망시키지 않았다. 《코리아헤럴드》 인터뷰 사건 이후, 내가 영어 공부에 나태해질 무렵 그녀에게서 또 전화가 걸려왔다. 휴대전화에 그녀 이름이 뜨자 나는 '인터뷰하라면 사절해야지'라는 굳은 각오로, 하지만 매우 반가운 척 목소리 톤을 한껏 높여 전화를 받았다.

"(음음, 목소리 가다듬고) 어, ××이구나, 오랜만. 잘 지내지?"
"그럼, 잘 지내지. 오빠, 물어볼 게 있는데, 오빠 학원 어디 다녀?"

"요즘은 ××어학원 다니는데, 왜?"

"어 그렇구나. 나도 학원 다니려고 하는데. 오빠, 나랑 같이 다니자."

"얘는, 너랑 나랑 수준이 같니? 너에 비하면 나는 햇병아리지."

"ㅋㅋ 오빠, 나 오빠랑 같은 수업 들으려 하는 거 아닌데. 오빠, 회화하지? 난 회화는 안 해도 돼. 난 쓰는 게 좀 부족한 거 같아서 영작반 들으려고."

'OTL(철퍼덕)! 아, A양! 정말 너를 이기기 위해서라도, 너보다 영어는 더 잘하는 사람이 될 거야!!'

사실 나는 인터뷰 사건 이후 아주 오랫동안 A양에 대해 좋지 않은 감정이 있었다. 아니, 그녀를 떠올리면 그날의 굴욕감이 그대로 되살아나 가능한 한 만나지 않으려 애썼다. 하지만 영어 공부 덕분에 내 삶에 변화가 생기기 시작하면서 그녀에 대한 생각은 완전히 달라졌다. 지나고 나서 보니 A양은 내 영어 공부에 박차를 가하게 해준 은인이었던 것. 단언컨대 만약 그녀가 아니었다면 나는 새벽 늦게까지 이어지는 술자리와 달콤한 잠의 유혹을 이기고 날마다 새벽 수업을 들으려고 영어 학원으로 달려가지 못했을 것이다.

A양을 통해 내가 얻은 교훈은 내 나라 말이 아니라 외국어를 배우는 과정에서는 '굴욕'과 '창피', '허탈감' 등 갖은 고난이 뒤따르기 마련이라는 사실이다. 그런 고난에 지레 겁먹고 좌절하면 영어라는 고지를 점령할 수 없다. 많은 이들이 바로 '굴욕'의 고비를 넘기지 못하고 포기하곤 하는데, 이럴 때는 과감하게 거꾸로 생각하자. 온갖 창피와 굴욕과 같은 감정을 '영어, 제대로 한번 공부하자'라는 신호signal로 생각하는 것이다.

영어 공부에 몰입해야 한다는 크고 작은 수많은 신호가 우리를 자극한다. 그러나 이런 신호를 긍정적인 방향으로 받아들이지 않으면 십여 년의 시간이 주어져도 대충 공부하며 중간에 포기했다 다시 시작했다를 반복하는 게 영어 공부인 것 같다. 신호를 놓치지 말자. 만약 정신이 번쩍 들 만큼 강력한 신호라면 바로 당장 영어 공부에 박차를 가해야 할 때다.

영철영어
Best 01

Enjoy your day to the fullest~!
오늘 하루 쫙~ 누리세요!

〈정오의 희망곡〉에서 '영철영어' 코너를 마칠 때 했던 말.
"여러분, 오늘 하루도 쫘악 누리세요!"
듣기만 해도 기분 좋은 표현입니다. 따라서 응용 표현 안 들어갈 수 없겠죠?

Enjoy your life to the fullest~! 당신의 인생을 쫙~ 누리세요!
Enjoy your trip to the fullest~! 여행을 맘껏~ 즐기세요!
Enjoy my book to the fullest~! 제 책을 쫙~ 누리세요!

지나친 오버액션이라고요? 이렇게 멀리 갈 때 쓰는 표현 하나 더 알려드릴 테니 용서해주세요.

Don't go too far! 너무 멀리 가지 마! / 오버하지 마!

02 YOUNGCHUL ENGLISH

영어의 망망대해에서 나만의 섬을 찾는 법

코미디 페스티벌에서 찾은 '꿈'

어떤 공부든 계기가 있어 시작하게 되지만 계기는 계기일 뿐, 결국에는 자신이 세운 목표, 자신이 이루고자 하는 꿈을 향해 돌진하는 힘으로 유지되고 발전하는 것 같다. 내가 독을 품고 영어 공부를 열심히 하게 된 가장 큰 계기는 A양 굴욕 사건이지만 그 후 5년 동안 공부를 계속할 수 있었던 것은 바로 이루고자 하는 꿈과 목표가 있었기 때문이다.

영어 공부를 시작하고 나서 달라진 것 중 하나가 (영어로) 하고 싶은 일, 가고 싶은 곳이 참 많아졌다는 점. 그중에서도 현재 나의 가장 큰 목표는 코미디언 김영철 이름을 내걸고 세계적인 코미디 무대에 서는 것이다. 이것은 내가 영어 공부의 필요성을 절실히 느끼게 된 계기이자 코미디언으로서 반드시 이루고 싶은 바람이다.

내가 이런 목표를 갖게 된 것은 2001년 캐나다 몬트리올에서 열린 코미디 페스티벌에 다녀오고 나서부터. 당시 혈혈단신 캐나다로 날아간 것은 정말 우연이었다.

2001년 6월경 〈개그콘서트〉 팀이 모여 저녁을 먹는 자리에서 담당 프로듀서가 몬트리올 코미디 페스티벌 이야기를 꺼냈다.

"몬트리올 코미디 페스티벌의 공식 명칭은 'Just for Laughs Festival'이야. 1983년에 처음 시작되어 지금은 세계에서 가장 큰 코미디 행사로 인정받고 있지. 페스티벌 기간에는 빌 코스비, 제리 사인필드와 같은 세계적인 코미디 배우를 비롯해 전 세계에서 1천여 명이 넘는 코미디언이 참가해 다양한 쇼를 펼치는데, 그야말로 '웃긴' 축제니까 구경하는 것만으로도 의미가 있겠지? 정식으로 참가하려면 오디션 등의 절차를 밟아야 하지만 정식 무대가 아닌 거리 공연은 누구나 할 수 있으니 좋은 기회가 될 거야."

그러면서 그는 마지막에 이렇게 말했다.

"하하하닷컴 www.hahaha.com 을 찾아보면 자세한 정보가 나와 있을 거야."

다음 날 나는 '하하하닷컴'에 들어가 영어로 된 내용을 띄엄띄엄 살펴보았다. 그리고 개그맨으로서 꼭 한번 참가하고 싶다는 생각에 덜컥 캐나다행을 결심했다. 왕복 비행기 값과 체류 비용이 만만치 않았지만 '더 큰' 개그맨이 되기 위한 투자라는 판단이 들어서였다.

'그래, 한번 가보자. 비록 정식 무대는 아니지만 거리에서는 자유롭게 코미디 쇼를 할 수 있다고 하니 큰물(?)에서 한번 웃겨보지 뭐.'

나는 〈개콘〉 프로듀서를 찾아가 비장하게 나의 각오를 밝히며 물었다.

"피디님, 저 말고 또 누가 가나요?"

"너 혼자 갈걸~~"

'뜨아…!'

'혼자alone'라는 말에 즉각 나의 소심증이 발동해 한동안 '갈까 말까' 망설였다. 하지만 과감하게 혼자라도 가겠다는 결의를 다졌다. 그러자 〈개콘〉 프로듀서는 캐나다에 사는 한국 교민 통신원을 연결해주어 현지에서 도움을 받을 수 있도록 배려해주었고, 고맙게도 비디오카메라와 용돈까지 마련해주었다. 굶지 말고 맛있는 거 사 먹으라는 말과 함께.

한껏 용기를 얻은 나는 사람들 앞에서 공연할 5분 분량의 코미디를 준비해서 캐나다로 출발했다. 축제는 생각보다 훨씬 흥겨웠다. 코미디의 대가라 할 수 있는 유명인의 공연도 좋았고, 광장을 무대 삼아 누구나 자유롭게 코미디를 펼칠 수 있어 거리에는 웃음소리가 끊이지 않았다. 단 하나, 모든 것이 영어로 진행되어 내가 알아들을 수 있는 내용이 극히 드물다는 사실만 빼놓고 말이다.

하지만 나는 굴하지 않고 교민 통신원의 도움과 안내책자에 의지해 축제를 즐겼고, 또 사람들 앞에서 내가 준비한 공연도 무사히 마칠 수 있었다. 당시 내가 준비한 내용은 셀린 디온 성대모사. 사람들이 모인 광장에서 나는 셀린 디온이 되어 영화 〈타이타닉〉의 주제가 'My heart will go on'을 열창했다. 비록 5분이란 짧은 시간 동안, 그것도 눈으로 헤아릴 수 있을 정도로 적은 관중 앞이었지만 그 순간의 가슴 벅찬 감동은 지금도 생생히 남아 있다.

구체적인 목표로 '방향성 있는 에너지'를 얻어라

나는 교민 통신원의 도움으로 몬트리올 코미디 페스티벌의 부협회장도 만날 수 있었다. 그는 코미디 페스티벌에는 아프리카의 작은 나라에서도 참여하는데 유독 아시아계 코미디언은 찾아볼 수 없다고 했다. 그의 기억에 따르면 아시아인은 6년 전에 일본인이 참여한 게 마지막이었다.

"그때 그 일본인도 단 여섯 개의 단어로 사람들에게 큰 즐거움을 주었습니다. 코미디는 꼭 언어로만 가능한 것이 아니니 언제든지 오세요."

그와 헤어지고 나서 왠지 마음이 착잡했다. 그의 말대로 코미디는 꼭 언어로만 하는 것이 아니므로 내가 성대모사로 사람들과 소통할 수 있다손 치더라도 영어를 못해 다른 사람의 코미디를 이해하지 못하는 것은 어쩔 수 없는 장벽이었다. 함께 어우러져 즐기는 축제의 장에서 내용을 이해하지 못하면 하나가 될 수 없다. 내가 사람들 앞에서 셀린 디온의 성대모사를 하고 난 후 마음 한구석이 허전했던 것도 언어의 장벽 때문에 내 코미디를 본 이들의 반응을 정확히 읽지 못하고, 다른 사람의 쇼를 보고도 내 소감을 정확히 표현할 수 없었기 때문이다.

한국으로 돌아오는 비행기 안에서 나는 무한 상상에 잠겼다.

'수천 명의 관객이 모인 큰 무대. 화려한 조명 속에 영철이가 서 있다. 유창한 영어 실력을 발휘하며 객석을 웃음바다로 만드는 영철…. 피부색과 언어는 달라도 영철의 코미디에 감동한 관객들이 일제히 기립 박수를 친다….'

그 상상의 끝은 당연히 '영어 공부 열심히 하자'는 결심이었다.

그러나 구체적이지 않은 모호한 동경과 상상은 결심을 제대로 굳히는 힘이 없었던 모양이다. 흐물흐물해진 결심은 2년 후 다시 코미디 페스티벌에 다녀온 뒤에야 탄력을 받고 비로소 실천에 옮길 수 있었다. 2003년 다시 간 코미디 페스티벌에서 나는 한 무명 코미디언이 온 힘을 다해 사람들 앞에서 원맨쇼를 하는 모습을 보고 머리가 띵할 정도로 강한 자극을 받았다.

'그래, 5년 안에 꼭 이 무대에서 영어로 전 세계 사람들을 즐겁게 하겠다.'

구체적인 목표가 생기자 신기하게도 학원에 다니는 일이 전처럼 힘들지 않았다. 사실 그동안 나는 영어 학원을 끊었다가 한 달을 넘기지 못하고 포기하기를 반복했는데, 게으름 탓도 있지만 왜 영어 공부를 하려는지 나조차 이유를 몰랐기 때문인 듯하다. 그저 '××도 하는데 나도 해야지' 하는 정도로 막연했다.

영어 공부를 하는 데는 무엇보다 구체적인 목표가 중요하다. 목표라고 해서 '토익 만점', '동시통역사 되기' 같이 거창하지 않아도 좋다. 예를 들어 '내년 여름 여자 친구와의 유럽 배낭여행에서 길잡이가 되기 위한 실전 회화 마스터하기', '외국인 바이어에게 걸려오는 전화 팀장님에게 연결하지 않기'처럼 실제적이고 구체적인 목표를 세우는 것이 좋다.

몬트리올 코미디 페스티벌에서 영예의 1위 수상 팀샷카~

바로 그 '목표'가 영어 공부라는 망망대해에서 나만의 섬을 찾을 수 있도록 도와줄 것이며 목표를 달성하는 성취감을 느끼다 보면 어느새 영어의 '달인'이 되어있는 자신을 발견하게 될 것이다.

구체적인 목표를 정하는 것이 바로 영어 공부의 시작이라는 사실을 잊지 말자.

I am into it!
나 요즘 그것에 푹 빠졌어!

be into~는 '~을 매우 좋아하다' 그러니까 '~에 푹 빠지다'라는 뜻입니다. 이해를 돕기 위해 it 대신에 다양한 단어를 넣어 활용해볼까요?

I'm really into that radio show. 나는 요즘 그 라디오 쇼에 푹 빠졌어.
I'm really into soap operas. 나는 요즘 연속극에 푹 빠졌어.

'~에 열광하는 사람'이란 뜻의 addict를 사용해 이렇게 표현해도 의미는 같습니다.

I'm a radio show addict.
I'm a soap opera addict.

독자 여러분의 입에서도 저절로 이런 응용 표현이 나왔으면 합니다.

I'm into studying English~ 나는 요즘 영어 공부에 푹 빠져 있어요~

03 YOUNGCHUL ENGLISH

내 영어를 생중계하라~

나를 키운 건 팔 할이 입방정

'스물세 해 동안 나를 키운 건 팔 할이 바람이다.'

시인 서정주님이 〈자화상〉이란 시에서 노래한 유명한 말이다. 주옥같은 시인의 말은 그 후 많은 이들에게 인용되었다. 어떤 이는 나를 키운 건 팔 할이 '시련'이라 하고, 또 어떤 이는 '외로움'이라 말하기도 하며 이 밖에도 '길', '고통', '연습' 등 자신이 원하는 것을 이루게 된 데는 저마다의 비법이 녹아 있다.

그것이 나에겐 '입방정'이다. '입방정'이 나를 키웠다는 말을 듣고 코웃음 치는 이도 있겠지만 그것은 나의 타고난 입방정 실력을 몰라서다.

영어 공부를 시작한 후 나의 입방정은 나 스스로 놀랄 정도로 대단했다. 아니, 솔직히 말하면 입방정 때문에 영어 공부를 하게 되었고 입방정을 수습하기 위해 계속 공부할 수밖에 없었다.

첫 번째 입방정은 2003년 4월 어느 날 강남의 모 호텔 앞에서 시작되었다. 호텔 앞을 지나는데 맞은편에서 민병철 선생님이 걸어오는 것이었다. 선생님을 실제로 만나는 건 처음인데도 전혀 낯설지 않아 반갑게 인사를 드렸다.

"안녕하세요, 선생님? 개그맨 김영철입니다."

갑작스러운 나의 인사에 선생님은 약간 놀라는 표정을 지으며 물었다.

"저를 아시나요?"

"그럼요. 민병철 선생님이시잖아요."

"네, 안녕하세요. 저도 김영철 씨 팬입니다."

"감사합니다. 저는 아주 어려서부터 〈MBC 생활영어〉 팬이었습니다."

여기부터가 화근이었다. 사실 나는 〈MBC 생활영어〉의 열렬한 팬은 아니었다. 직접 방송을 본 것도 몇 번 되지 않았으며 방송을 본 이유도 영어 공부 때문이 아니라 반 아이들 앞에서 민병철 선생님을 흉내 내기 위해서였다. 당시 선생님이 가르쳐주시는 'How can I reach you? 연락처를 알려주시겠어요?'의 발음, '하우 캔 아이 리~~~치 유?'라는 '리'와 '치' 사이에 샘물이 흐르는 듯한 발음이 학생들 사이에서 대유행이었다.

나는 선생님 앞에 서자 이상하게도 영어 공부에 관심이 많은 학생이 되어 간절하게 질문을 하게 되었다.

"선생님, 저 정말 영어 잘하고 싶은데 방법을 잘 모르겠어요."

"우리 학원으로 한번 오세요. 이경규 씨도 일본 가기 전에 우리 학원에서 공부하고 갔어요."

"아, 네. 그럼 꼭 들를게요. 선생님, 저 정말 영어 공부해야 하거든요."

"혹시 유학 갈 생각이세요?"

"아, 아닙니다. 제 실력으로 어떻게…."

"상관없어요. 학원에 언제 오실래요?"

이것이 인연이 되어 나는 코미디 페스티벌에 다녀온 다음 '민병철어학원'을 찾아갔고 그날부로 수강 신청을 해 학원에 다니게 되었다. 그리고 《코리아헤럴드》와의 인터뷰에서 예상치 못한 굴욕을 당한 후 나는 활화산과 같은 열정과 에너지로 영어 공부에 더욱 몰입했다. 그러면서 나의 입방정은 계속되었고 2006년 봄에는 완전히 절정에 달했다. 그 무렵은 타이밍도 절묘했다. 개그맨 김영철이 영어 공부에 남다른 열정을 보이고 있다는 소문이 암암리에 퍼지자 계원조형예술대학에서 학생들에게 '기초 영어 초급'을 가르쳐 달라는 요청이 들어왔고, 다시 그 소식이 언론에 알려지면서 인터뷰가 쇄도하기 시작한 것이다.

"영어 공부를 왜 하는 거죠?"

"미국에 공부하러 가려고요."

"안 될 경우 대비하셨나요?"

"열심히 공부하면 아리랑 TV 진행자라도 되지 않을까요?"

갑작스러운 관심 집중에 나도 모르게 나의 입방정은 날이 갈수록 더해졌고, 신문 기사 제목도 점점 거만해졌다.

'개그맨 김영철, 이홍렬, 서세원, 주병진 선배 닮고 싶어'에서 '짐 캐리처럼 되고 싶어요'로 바뀌었고, '몬트리올 코미디 페스티벌 무대에 서고 싶어'라는 내 목표는 '미국 진출 목표로 영어 삼매경에 빠져'로 확대되었다.

입방정의 흔적

"Perhaps I can do a TV drama, then go on to film projects, though I don't want to be a main actor. I prefer supporting roles, because of my looks. Comedy is my main talent, but I wish to do serious roles, too. I have many things that I want to do, so I have to work hard." Kim said, and then jokingly added, "My aim is to become a Hollywood star, co-starring Cameron Diaz."

"아마 저는 TV 드라마에 출연하게 되고, 그다음에는 비록 주연 배우는 아니지만 영화에도 도전할 수 있겠지요. 저는 제 생김새 때문에 조연 배우를 더 좋아해요. 코미디는 저의 주요한 재능이지만 진지한 역할 역시 하고 싶어요. 저는 하고 싶은 게 많아서 열심히 일해야 한답니다." 그리고 그는 우스갯소리로 "저의 목표는 캐머런 디아즈와 함께 출연하는 할리우드 스타가 되는 거랍니다." 라고 덧붙였다.

2003년 9월 9일자 《코리아헤럴드》 인터뷰 기사 중에서 발췌

목표는 생중계하고, 실행으로 수습한다

그 후로 나는 언젠가는 미국 유학을 가야 하는 사람이 되었고, 열심히 공부해서 아리랑 TV 진행자가 될 실력을 갖춰야 했다. 어디 그뿐인가? 캐나다에서 열리는 몬트리올 코미디 페스티벌에도 나가 북미에 진출해야 하는 절체절명의 과제도 놓여 있었다.

정신을 차려보니 일은 너무 커져 있었고, 그 사실을 깨달았을 때는 이미 늦었다. 만약 내가 영어 공부를 중단한다면 거짓말쟁이로 몰려 얼굴을 들고 다닐 수 없는 상황까지 가 있었다.

공부가 잘 안 되거나 조금 게으름을 피울 때는 악몽에 시달리기도 했다.

'개그맨 김영철 최근 영어 공부 조용히 포기'

'김영철, 뻥쟁이로 밝혀져 개그맨 활동 위기'

꿈속에서 신문을 펼치면 이런 제목의 기사가 나 화들짝 놀라 눈을 뜨곤 했다.

그런 상황에서 내가 선택할 수 있는 길은 단 한 가지. 바로 공부를 중단하지 않고 하나하나 실현해 나가는 것밖에 없었다.

'그래, 5년 안에 미국에 진출하지는 못하더라도 영어 공부를 중단하는 일은 없어야 개그맨 인생을 유지할 수 있어.'

그 후로도, 아니 지금 이 순간도 포기란 녀석이 고개를 내밀 때, 나는 내가 저질러놓은 입방정을 떠올리며 정신을 차린다.

혹, 영어 공부를 시작했다 포기하기를 반복하는 이가 있다면 마지막 심정으로 나와 같은 방법을 써보는 것은 어떨까? 어떤 방법이냐고?

한마디로 자신의 영어 과정을 생중계하는 것이다.

"나 영어 학원 다닌다~", "6개월 동안 저녁 시간에는 날 만날 생각하지 마. 학원 가야 해", "1년 안에 토익 시험 ×××점 받아서 성적표 보여줄게. 만약 그렇

영어 목표와 진행 과정을 과감히 생중계하세요~

게 하지 못하면 내가 네 동생 할게!!"

이렇게 소문내서 만약 영어 공부를 포기하면 "못난 ×", "끈기 없는 ×"라는 엄중한 심판을 받게 하는 것이다. 금연이나 다이어트를 할 때도 혼자서 조용히 하기보다는 소문을 내는 것이 성공의 지름길인 것처럼 영어 공부도 마찬가지다. 단, 이 방법의 단점은 자칫 잘못하면 주변 사람들과의 관계가 좀 위험해질 수 있다는 것. 하지만 순간순간 포기가 고개를 내밀 때 당신을 지켜주는 힘이 될 것이다.

Thank you for the food!
잘 먹었습니다!

'음식 잘 먹었어요.' 개인적으로 참 궁금했던 표현입니다. 어딘가 well이 들어가진 않을까? 그러나 이 표현을 보고서 제가 너무 영어를 어렵게 생각했다는 걸 알았습니다. 답은 Thank you for the food. 직역하면 '음식 고마워'. 이 얼마나 정직한 표현이에요. 여러 번 얻어먹으면 감사와 칭찬의 표현도 달라져야 합니다.

Thank you for a good(=wonderful) dinner! 훌륭한 저녁 고마워요!
I have never eaten better! 이보다 더 잘 먹어본 적이 없어요!
It was awesome! (음식) 대단해요! / 끝내줘요!

I have never eaten better. 직역하면 '이보다 더 잘 먹어본 적이 없어요'인데, 외국 사람들은 종종 이런 낯간지러운 표현을 쓰더군요. 거짓말 티가 팍팍 나긴 하지만 밥 산 사람 입장에서는 들으면 기분은 좋을 거 같아요. 하지만 음식 맛이 매번 좋진 않겠지요. 그래서 이번엔 이런 표현도 배워볼까요?

Q: How was your lunch? 점심 어땠어?
A: It was okay. 괜찮았어.
   Not bad. 나쁘지 않아.
   So so. 그저 그랬어.

04 YOUNGCHUL ENGLISH

모든 영어 증후군의 응급약, 'JUST DO IT!'

영철이가 겪었던 영어 증후군 시리즈

가끔 이런 우문을 던져본다.

'과연 공부법을 몰라 영어 공부를 하지 못하는 경우가 많을까, 방법을 알면서도 못하는 경우가 많을까?'

그리고 이렇게 현답을 내려본다.

'이런 질문은 아무 의미가 없다. 왜냐하면 공부법을 알아도 실천하지 않으면 아무 소용이 없으니까. 어학은 실천이다. 이 세상에 상상만으로 입이 트이는 언어는 없다.'

누구나 아는 진리인데, 나는 이 사실을 깨닫고 실천하기까지 무려 20여 년이 걸렸다. 그리고 코미디 페스티벌과 A양 굴욕 사건, 그 이후의 입방정이 있기 전까지 나는 무수히 결심하고 무수히 포기하며 시간을 보냈다.

믿거나 말거나지만 나는 대학에서 영어영문학과 호텔경영학을 전공했다. 나는 군 복무를 할 때도 개그맨이 되고 나서도 항상 영어 공부를 해야겠다는 생각을 하고 있었다. 이 정도면 영어와 매우 가까운 이력. 하지만 중요한 것은 언제나 '언저리 학파'였다는 사실이다. '언저리 학파'는 영어에 친해질 수 있는 환경, 영어를 해야겠다는 필요성은 가지고 있지만 막상 영어 공부에 제대로 뛰어들지는 못하고 그렇다고 손 놓지도 못하면서 영어의 주변만 맴돌았던 '나'를 지칭하는 말이다. 그랬기 때문에 영어는 나에게 '가까이하기엔 너무 먼 당신'이었고 영어 공부를 하면서 겪는 증후군syndrome은 거의 다 겪어야 했다.

첫째는 영어 울렁증이다. 학창 시절 나는 쉬는 시간에는 가장 시끄럽고, 수업 시간에는 존재감이 없는 학생으로 통했다. 특히 원어민 선생님 전공 수업 시간은 허약 체질로 돌변해 우렁찬 목소리가 모기 소리보다도 작아져 숨쉬기도 불편했다. 호흡곤란 증상은 발표를 하는 순간 특히 심해 가슴이 뛰고 목소리가 떨리는 것은 물론, 억울하게 아는 단어까지 떠오르지 않아 말을 더듬기 일쑤였다.

둘째, 시험 영어와 요요 영어 증후군도 나를 괴롭힌 주범이다. 나는 원래 공부를 열심히 하는 학생은 아니었다. 하지만 성적 관리까지 포기하지는 않았으므로 시험 때마다 벼락치기라는 관문은 꼬박꼬박 넘었다. 벼락을 치며 바짝 공부하면 실력이 확~ 느는 느낌. 하지만 시험이 끝나면 놀랍게도 모든 것이 제자리로 돌아갔다. 실력도 마음가짐도. (-ㄴ-;)

셋째, 장롱 영어 증후군. 대학에서 영어영문학을 전공하고도 길에서 외국인을 만나면 아주 쉬운 말도 알아듣지 못해 쩔쩔맸다. 그럴 때마다 나는 내가 영어영문학을 전공했다는 사실을 머릿속에서 지우고 싶었다. 중학교 입학 이후 10년 이상 영어를 배워왔음에도 인사말조차 제대로 나누지 못하는 것이 부끄럽게 느껴져서다. 이런 나를 보고 고향 친구가 하는 말.

 "영철아, 우짜 그러나? 니 대학에서 영어영문학 전공했다카던데. 하긴 뭐 운전면허 있다꼬 다 운전하는 거 아이지. 장롱에 고이 모셔두는 장롱 면허가 월매나 많노. 안 긋나? 니도 장롱 영어인갑다. 하하하~"

 "……."

 넷째, 월초 학원 수강 증후군. 개그맨이 되고 나서는 동료 중 누군가가 자기계발 차원에서 영어 학원에 등록했다는 소문만 들려도 괜히 긴장되었다.

 '다음 달 초에는 반드시 영어 학원을 끊자.'

 1999년 개그맨이 되고 난 후 매번 월말이 되면 이런 결심을 했지만 정작 직접 영어 학원에 찾아가 수강 등록을 한 것은 2001년 캐나다 몬트리올 코미디 페스티벌에 다녀오고 난 뒤였다.

다섯째, 작심 일주일 증후군. 처음으로 신촌에 있는 모 영어 학원에 수강 신청을 한 날, 마치 오랫동안 미뤄둔 숙제를 마친 것처럼 후련함과 뿌듯함이 교차했다. 하지만 그것이 끝이 아니었다. 나를 기다리는 복병은 바로 작심 일주일 증후군.

조용히 학원 발길을 끊으며 나 자신을 위로하고 또 위로했다.

'그래, 역시 나는 학원 체질이 아닌가 봐.'

여섯째, 의지박약 증후군. 2003년 본격적으로 공부를 시작하기 전, 그러니까 최근 내가 앓았던 증후군 중 가장 강력한 것이 바로 의지박약 증후군이다.

공부를 시작하기 전 내 모습은 이랬다.

촬영차 외국에 나가면 밤마다 두 주먹 불끈 쥐고 결심한다.

'그래, 결심했어. 한국 가면 반드시 영어 공부할 거야!'

돌아와서는 그런 결심을 했다는 사실 자체를 잊는다.

그러다 드라마에서 영어 잘하는 동료 연예인을 보고 자극받아 영어 공부를 하겠다고 마음먹는다. 그리고 어느 선생님한테 배웠는지 알아보다가 지쳐서 중도 포기한다.

'실천'이라는 이름의 처방전

돌이켜보면 공부를 시작하기 전 내게는 여러 차례의 영어 신호가 있었다. 단지 내가 외면했을 뿐이다. 그렇게 여러 차례를 반복한 후 내가 깨달은 것은 나는 대한민국의 평범한 의지박약아라는 사실이었다.

아마 영어 공부를 해본 대한민국 국민 중 50퍼센트는 이와 비슷한 경험이 있을 것이다. 나 역시 30여 년을 살아오며 무수히 많은 '포기'를 경험했다. '실패'가 아니라 '포기'라고 표현하는 이유는 아예 도전도 하지 않은 때가 더 많기 때문

영어 실력 쾌속 질주에 필요한 것은? 'Just Do It'의 스피드!!

이다.

군이 부끄러운 내 영어 학습 역사까지 끄집어낸 이유는 각종 영어 증후군을 이길 수 있는 것은 '실천'이라는 사실을 강조하기 위해서다. 요즘같이 정보가 넘쳐나는 시대에 영어 공부법은 누구나 쉽게 접할 수 있다. 하지만 정보 수집력과 영어 실력이 비례하지 않는 이유는 단 하나, 실천하지 않기 때문이다.

물론 영어와 관련된 모든 증후군이 '실천' 하나만으로 해소되는 것은 아니다. 하지만 많은 이들이 호소하는 영어 학습 증후군 중에는 '마음가짐'을 달리하면 치료되는 것이 많다. 따라서 공부하겠다는 마음을 일단 실천으로 옮기면 문제점이 하나하나 나타나게 되고 동시에 해결 방안도 나온다.

영어 공부의 가장 큰 적은 '나는 영어에 울렁증이 있어서', '나는 의지박약아야'라는 식으로 지레 겁먹고 실천에 옮기지 않는 것이다. 만약 앞에 열거한 증후군 중 한 가지라도 해당 사항이 있는 이라면 지금 당장 책꽂이 어딘가에 꽂혀 있을 오래된 학습서 또는 영어 테이프를 찾아볼 것을 권한다. 지금 당신에게 필요한 것은 스피드. 'Just Do It!'을 위한 스피드니까.

Almost there!
거의 다 와 가!

Ring Ring Ring~ 따르릉 따르릉 따르릉~

A : Honey, where are you? 자기야, 어디야?
B : I'm halfway home. 나 반 정도 왔어.

10분 후

A : Honey~ Are you still on your way? 자기야~ 아직 오고 있어?
B : Almost there! 거의 다 와 가!
A : Hurry up! I can' wait to see you. 빨랑 와! 나 자기 무지 보고 싶단 말이야.
B : Okay. Just one more minute~ 알았어. 1분만 기다려줘~

이제 막 사랑을 시작한 커플들이 약속 시간에 임박해 흔히 저지르는 만행입니다. 흑흑. 언젠가 제게도 그런 날이 오길 기다리며 응용 들어갑니다. 만약 일행과 함께 차를 타고 가는 중이라면 이렇게 물을 수 있겠지요?

Are we almost there? 우리 다 와 가나요?

그럴 때 답변은,

We are almost there. 다 와 갑니다.

05 YOUNGCHUL ENGLISH
'좌 근철 우 마야', 멘토의 힘

인생에도 영어 공부에도 나만의 멘토를 찾아라

　지나가는 나그네의 옷을 벗기려고 해님과 바람이 내기를 하는 우화가 있다. 그 내기에서 이긴 것은 바람의 강한 힘이 아니라 해님의 따뜻한 지혜였다. 바로 그것처럼 내게 다가온 여러 번의 영어 신호 중 가장 강력한 것은 A양을 향한 분노도 아니고, 코미디 페스티벌도 아니었다. 가장 강력한 신호는 바로 나를 아끼는 이들의 격려encouragement와 진심 어린 충고였다.

　"영철 씨는 충분히 할 수 있어요."

　"우와, 영철 씨 아직도 학원 다녀요? 벌써 그만뒀을 줄 알았는데, 대단해요."

　별거 아닌 것 같지만 주변 사람들의 말 한마디는 지치고 힘들 때 내게 굳건한 힘이 되었다. 그중에서도 멘토mentor 역할을 하며 나를 이끌어준 이가 바로 마야 선생님과 이근철 선생님이다. 두 사람은 영어뿐만 아니라 내 인생을 새롭게 디자

인해준 고마운 선생님들.

　멘토는 영어 공부의 사막을 건너는 데 반드시 있어야 할 오아시스다. 만약 지금까지 멘토가 없다면 주위를 차분히 둘러보자. 우직하게 한 길을 가다 보면 분명 스승으로 삼을 이가 나타나는 법. 단지 아직 그 진가를 몰라본 것일 수도 있으니 말이다.

내 영어 & 인생의 코디네이터, 근철 샘~

　진정한 스승은 고기를 잡아주지 않고 고기 잡는 법을 알려주는 이라는 말이 있다. 너무도 유명한 말이지만 살아가면서 그런 현명한 스승을 만나기란 결코 쉽지 않은 일. 내게도 그런 스승이 딱 한 명 있는데 바로 KBS 라디오 〈굿모닝 팝스〉의 진행자 이근철 선생님이다. 재미있는 것은 나는 선생님께 정식으로 강의를 들은 적이 단 한 번도 없다는 점. 그런데도 왠지 지금 아는 영어는 모두 이근철 선생님께 배운 것 같은 착각이 들 정도로 선생님은 내게 큰 영향을 미치고 있다.

우선 선생님은 나의 열정을 최초로 높이 평가해준 분이다.

이근철 선생님과 나는 2002년 홍대 앞 카페에서 우연히 만나 연락처를 주고받은 후 밥 먹고 차 마시며 친해진 사이. 먼저 작업을 건 사람은 역시 나다.

"영어 공부를 시작했는데 좀 힘드네요…. 명함 주시면 한번 찾아뵙고 좋은 말씀 듣고 싶습니다."

이렇게 뻔한 방식으로 작업을 한 후 나는 정말 선생님께 전화를 하고 사무실로 찾아갔다. 나를 본 선생님은 조금 놀라는 눈치였다. 이유인즉슨, 그동안 우연히 만나 명함을 건넨 이가 무수히 많지만 진짜 연락하고 찾아온 이는 내가 처음이라는 것이었다. 선생님 말을 듣고 나 역시 놀라지 않을 수 없었다. 이근철 선생님 같은 전문가에게 공부에 대한 조언을 듣는 것이 얼마나 큰 영광인데 그런 기회를 마다한단 말인가!

우연한 기회를 배짱 좋게 '덥석 잡은' 내가 희한했던 걸까? 어쨌든 이 덕분에 나와 선생님은 TV를 통해 아는 사이가 아닌 진짜 '아는' 사이가 되었다.

그 후 상황은 안 봐도 비디오다. 나는 집요하게 근철 선생님을 괴롭혔다. 괴롭히는 방법도 가지가지였다. 공부를 하다가 힘들면 선생님께 하소연하고, 잘 되는 날은 잘 된다 보고하고, 모르는 게 나오면 전화로도 물어보고…. 다행히 선생님은 나의 괴롭힘을 '열정 passion'으로 재해석해 흔쾌히 받아주었다. 그런 선생님이 옆에 있으면 무엇이든 다 잘될 것 같은 느낌이라고나 할까?

하지만 시간이 지날수록 내 질문에 대한 선생님의 반응은 변해갔다.

나의 영원한 영어 멘토 근철 샘~

"영철, 동생은 이미 그 질문에 대한 답을 알고 있어. 지난번에도 한 번 물어봤거든. 잘 생각해봐."

"내가 준 책 ××파트 한 번 다시 살펴봐요. 그거 보고도 이해 안 되면 그때 다시 질문!"

질문하면 친절히 대답해주던 선생님의 입에서 이런 말들이 나오자 처음에는 살짝 서운했다. 하지만 그 답변에 깊은 뜻이 있음을 알게 된 후 나는 근철 선생님의 광팬이 되었다.

근철 샘의 깊은 뜻을 알게 된 때는 서로 연락하고 지낸 지 서너 달이 지날 무렵이었다. 어느 날 선생님으로부터 전화가 걸려왔다.

"영철 씨, 시간 내서 사무실로 놀러 와요. 서너 시간 놀다갈 수 있는 날~~"

며칠 후 사무실로 찾아갔더니 선생님은 "영어란 말이지~" 하면서 문법을 죽 정리해주는 것이었다. 가만히 들어보니 그동안 내가 선생님께 질문한 내용들이 그 속에 다 녹아 있는 것이 아닌가!

우연히 알게 된 나를 위해 열정적인 강의를 해주는 선생님을 보고 나는 진실을 알 수 있었다. 짐작컨대 선생님은 처음 한동안 나의 질문을 받아가며 내 실력과 의지, 그리고 공부 습관을 파악한 후 어떻게 도움을 줘야 하는지를 진중하게 고민했던 듯하다. 그리고 내가 선생님께 너무 의지하는 모습을 보이자 스스로 질문을 던지고 답을 찾아가는 공부 습관을 만들어주고자 노력한 것이다.

눈물 없이 읽을 수 없는 letter, from 근철 샘

Hey bro~
주말은 어떻게 잘 보냈니?
벌써 한 주가 휙 지나가버렸네.
주말에 형이 강의가 많아서 정신없었다.

(중략)

영철아, 이제 형이 드는 생각은 분야별로 차곡차곡 하나씩 이루어 즐기면서 정리했으면 해.

1. 노트북 가지고 다니니까, 인터넷 이외에 스케줄 관리, 워드 등 필요한 프로그램 활용하기 ➡ 2007
2. 문법 확실히 그 원리를 잡고 정확한 영어 쓰기 ➡ 2007~2008
3. 문학 서적 이외에 경제 서적/자기 계발서 읽기, 수필 스타일도 좋긴 하지만 좀 더 체계적인 것! ➡ 2010까지^^
4. Comedy Festival ➡ 미국 stand-up comedy 시장 ➡ 미국 시트콤 출연을 위한 대본 짜기 등등 ➡ 2007~2008
5. 자전거 & 달리기^^
   물론 형보다 더 잘 계획을 세워놓았을 거라 생각해. 하지만 그냥 편지 쓴 김에 생각나는 것 쭉 적어본 거니까

(중략)

2007년 4월 23일에 근철 형이~
ps) 에고고, 요 근래 몇 년 사이에 썼던 이메일 중 최고로 긴 이메일 되겠슴….
Him Ne Key~(힘내게~)

선생님의 깊은 뜻에 감명받은 나는 단 한 마디도 놓치지 않으려고 열심히 메모해가며 강의를 들었다. 그날 나의 마지막 메모는 가슴에서 우러나온 근철 선생님의 명언이었다.

"영철 씨, 가슴 떨리는 삶을 살고 싶지 않아요?"

이 말은 내 가슴에 깊이 새겨져 영어 공부는 물론 삶이 무기력해질 때마다 꺼내 보는 소중한 거울이 되었다.

그 후로도 선생님은 적절한 시기에 나의 영어 수업을 코디해주곤 했다.

"요즘 회화만 하나? 영작문 수업 들어보는 거 어때?"

"영철 씨는 리스닝 수업으로 CNN보다는 드라마 〈프렌즈〉 반이 더 잘 맞을 거야."

선생님의 말 한마디 한마디는 나에 대한 관심과 배려에서 나온 것이란 걸 알기에 더욱 고맙다.

영어 울렁증을 극복하게 해준 그녀, 마야 샘~

마야 선생님은 민병철 선생님께 입방정을 떤 후 찾아간 학원에서 처음 만난 강사이자 나의 첫 외국인 친구다.

그녀는 뉴욕대학 New York University 을 우수한 성적으로(마야 왈~) 졸업하고 아시아에 관심이 있어 한국에 온 미국인. 첫날 수업에서부터 마야는 내 시선을 집중시켰다.

"저는 미국에서 뉴욕대학을 졸업하고 아시아에 관심이 있어 한국에 온 초보 강사입니다. 솔직히 저는 테솔 TESOL : Teaching of English to Speakers of Other Language 자격증은 없습니다. 하지만 열심히 가르칠 준비가 되어 있고, 잘 가르칠 자신도 있습니다. 또 여러분과 한국에서 많은 것을 배우고자 하는 열정도 매우 큽니다. 함께 열심히 공부했으면 합니다."

예사롭지 않은 마야의 인사에 나는 그녀를 주시했고, 마음에 드는 강사를 만난 나는 수업 시간에 눈에 띄기 위해 열심히 수업 준비를 해 질문 공세, 코미디 공세를 펼쳤다. 그러자 어느 날 그녀가 나를 부르더니 이렇게 물었다.

마야 : Young-chul, why does everybody laugh when you're talking? 영철, 네가 말을 하면 왜 사람들이 웃어?

영철 : Um, actually I'm a famous comedian. 음, 사실 나 유명한^^ 코미디언이야.

마야 : Really? I guess that's why everybody likes you. 정말? 그래서 사람들이 모두 널 좋아하나 보다.

'히히~ 이보다 더 좋을 수는 없다!'

그 후 마야는 내가 영어로 무슨 말을 하면 즐겁게 웃었고, 나는 그녀 앞에 서면 자꾸 재미있는 말이 하고 싶어 더 많은 말을 하게 되었다. 가끔 내가 영어로 더듬거리는 것을 창피해하면 그녀는 이렇게 말했다.

"영철, 내가 한국말 모르는 게 당연한 것처럼 네가 영어 잘 못하는 건 당연한 거야. 앞으로 나는 한국말 열심히 공부하고 너는 영어 열심히 공부하면 되지 뭐."

그녀의 이런 진심 어린 충고와 응원에 힘입어 나는 외국인 앞에만 서면 주눅이 들며 나타나던 영어 울렁증에서 차츰 해방될 수 있었다.

반대로 마야는 종종 한국어를 공부하며 느끼는 어려움을 나에게 하소연했고, 그 하소연을 통해 나는 그녀에게 묘한 동질감을 느끼게 되었다. '제2 외국어를

외국어 공부의 진정한 의미를 깨닫게 해 준 마야 샘과 함께~

공부하는 사람들의 고뇌'라고나 할까.

그녀의 하소연을 우리말로 재현하면 이런 상황이 될 듯하다.

"오늘은 마야에게 무척 힘든 날이었어요.

오늘 배운 내용이 동사랑 형용사인데 너무 어려워, 쉬운 말도 안 나왔어요. 그래서 제가 바보같이 보였어요. 함께 공부하는 미도리 씨, 핑핑 씨 나보다 한국말 못하는데 오늘은 나보다 더 잘했어요.

핑핑 씨 아시죠? 제가 얼마 전 '오늘 무슨 일 있어요?'라고 물었을 때 '저는 너무너무 슬퍼요. (제가 키우던) 고양이가 죽었기 때문이에요'라고 말하더니 금방 '그런데 괜찮아요'라고 말했어요.

핑핑 씨 미쳤어요. 고양이가 죽었는데 뭐가 괜찮다는 건가요? 슬픔을 극복해서 괜찮다는 말 같은데, 앞뒤가 너무너무 안 맞아요. 그런데 오늘은 핑핑 씨가 저보다 더 말을 잘해 질투가 났어요."

횡설수설하는 마야의 한국어를 들으며 '한국말 못하는 마야와 영어 못하는 영철'이는 조금씩 가까워졌고, 가까워지는 만큼 영어 공부에 대한 열정과 자신감은 높아갔다. 마야를 만나기 전까지 내게 영어란 공부하고 암기해야 할 무엇, 어렵고 힘든 '어학'에 지나지 않았다. 그러나 마야를 통해 영어와 외국인 친구를 접하며 영어는 더 넓은 세상, 더 많은 사람과 소통하게 해주는 의미심장한 수단으로 바뀌었다.

  마야와 나를 보고 주변 친구 중에는 스승과 제자를 넘어선 관계로 발전하길 예의 주시하며 '역시 영어는 이성한테 배워야 해!(믿거나 말거나)'라는 영어 학원가의 속설을 외쳐댔지만 그녀가 고향으로 돌아간 후에도 우리는 좋은 친구 관계를 유지하고 있다. 왜냐하면 그녀에게는 이미 훌륭한 남자 친구가 있었기 때문. (-_ㅜ)

That is exactly what I am saying!
내 말이!

쿵짝이 맞아 내가 하려는 말을 상대방이 할 때 쓰는 표현입니다. 직역하면 '그게 바로 내가 하고 싶었던 말이야!'로 친구가 속 시원히 대신 말한다면 "내 말이!" 하고 압축해서 표현할 수 있겠죠?

That is exactly what~

'그게 바로 ~야'란 뜻으로 다양하게 활용 가능하지요. 그런데 what 뒤에는 주어, 동사가 다 와야 한다는 거, 잊지 마세요.

That is exactly what I need. 그게 바로 내가 원하는 거야.
That is exactly what you said. 그게 바로 네가 말했던 거야.

그러나 한 표현만 쓰면 언어는 외롭습니다. 비슷한 표현도 알아두세요.

That is exactly what I mean. 내 뜻이 바로 그거야.
That is exactly what I'm talking about. 내가 이야기하려고 하는 게 바로 그거야.

You did a good job!

의욕만 앞서고 기초는 없던 시절, 나에게 넘쳐나는 것은 좋게 표현하면 '용기'고 솔직히 표현하면 '뻔뻔'이었다. 그 시절 강사가 포복절도하는 사건이 있었으니, 바로 유명한 'You did a good job!' 에피소드다. 그날은 컨디션이 매우 좋았다. 영어가 술술 잘 풀리는 날이라고나 할까? 예습과 복습, 숙제까지 완벽하게 준비해간 나는 맨 앞자리에 앉아 첫 타자로 그날의 과제를 발표했다. 발표를 마치자 강사는 나를 향해 활짝 웃으며 말했다.

강사 : Young-chul. You did a good job!

그 순간 내 머릿속에는 good=좋은, job=직업이라는 사실 외에 다른 것은 떠오르지 않았다.

영철 : Oh, no. I'm a comedian. Being a comedian is very hard. I have to think of new jokes every day. Bla bla~
　　　오, 아니에요. 내 직업은 코미디언이에요. 코미디는 매우 어렵죠. 저는 매일 아이디어를 짜내야 해요. 어쩌고저쩌고~

강사 : ??!!

아뿔싸. 강사의 황당한 표정을 보고서야 나는 내가 사고를 쳤다는 사실을 눈치 챌 수 있었다. 충격에서 헤어난 강사는 아주 친절하게 나에게 설명했다. (You did a) good job!은 좋은 직업이 아니라 바로 '잘했어요', '수고했어요'라는 의미라고. 유사한 표현으로는 Well done! 고기 먹을 때 '잘 익힌'의 뜻으로만 쓰는 게 아니라 '잘했어요'라는 의미도 있다.

자신의 영어 프로필을 만들어보자~

2007년 초 정리해본 나의 영어 프로필이다. 우연히 정리한 것인데 뜻밖에 나를 돌아보는 계기가 되어 영어 공부를 하는 학생들에게 적극적으로 권하고 있다. 자신의 영어 발자취를 돌아보는 이력서를 만들어보자고!

영철이의 영어 프로필

❶ 언저리기(중학교~대학교 시절) : 영어와 같이 있지만 주변만 맴돌았다오~
1. 민병철 선생님 성대모사로 중학교 때 영어에 입문
2. "영어만 잘해도 취직 된다더라"는 남의 말을 듣고 부산성심외대 영어영문학과 입학. 동국대학교 호텔경영학과 경주 캠퍼스 편입
3. 군대에서 중급 영어 회화 교재를 열심히 구입(정작 잘 듣지는 않았음)

❷ 태동기(2001~2002) : 영어의 필요성을 온몸으로 체험하다
1. 몬트리올 코미디 페스티벌에 참가, 세계적인 개그맨으로 성장하기 위해 영어의 필요성을 느끼다.
2. 돌아와서 영어 학원 등록. 그러나 작심 일주일 증후군으로 실패
3. 생일 선물로 친구에게 일대일 영어 과외 쿠폰 받고 재시도
4. 영어 멘토 이근철 선생님과의 만남

❸ 발전기(2003~2005) : 영어 공부에 제대로 필 받아 전력 질주하다
1. 민병철 선생님과의 우연한 만남
2. 몬트리올 코미디 페스티벌 재도전
3. 《코리아헤럴드》와의 영어 인터뷰에서 A양으로부터의 굴욕
4. 영어 학원 등록. 하루 세 시간씩 영어 수업. 마야 선생님과의 만남

❹ 생활화(2006~2007) : 영어는 내 운명~ 하루라도 영어를 하지 않으면 목에 가시가 돋친다
1. 아리랑 라디오 영시 소개 프로그램 게스트
2. 계원조형예술대학 멀티미디어디자인학과 초급 영어 강의
3. MBC 라디오 프로그램 〈정오의 희망곡〉에서 '영철영어' 코너 진행
4. 한림대, 이화여대 등 대학생들에게 영어 공부법 특강
5. 캐나다 관광청 협찬으로 2008년 몬트리올 코미디 페스티벌에 참가 결정
6. 영어 학습계의 3철, 민병철·정철·이근철 선생님의 뒤를 이어 서열 4순위의 '철~' 샘이 되겠다는 각오로 테솔 과정에 도전하고자 준비

프로필 관리 포인트

태동기, 발전기가 없더라도 좌절 금지!
앞으로 이룰 목표를 바탕으로 가상 시나리오를 써보자. 실천해서 현실로 만드는 것은 자신의 몫~

발전 단계별로 나의 영어 공부 패턴 분석하기
장점은 극대화하고 취약점과 실패 요인을 분석해서 대안을 마련한다.
프로필을 업그레이드하는 신명을 타는 것도 자신의 몫!

01 비호감과 뻔뻔함으로 무장하라

02 영어 회화의 베스트 프렌드, 오버액션

03 '잘하겠다'는 마음이 아니라 '틀려도 된다'는 마음으로 공부하라

04 부딪힐수록 강해지는 영어 근육

05 영철이도 하는데, 나라고 못하겠는가!

06 제발 수다 좀 떨자고요~~

머릿속은 문법 이론으로 꽉 차 있지만 입 밖으로는 한 마디도 잘 못하는 '고체 영어'만 쓰고 있다고? 한시라도 빨리 일상생활에 자연스럽게 흐를 수 있는 '액체 영어'로 개선하는 작업이 필요한 때. 영철이가 제안하는 '오버액션'과 '비호감의 뻔뻔한 마인드'를 통해 과감하게 회화 체질로 개선해보자.

PART 02

Mind Set
고지를 넘기 위해 필요한 '작심'들

YOUNGCHUL ENGLISH

01 YOUNGCHUL ENGLISH

비호감과 뻔뻔함으로 무장하라

개벽! 비호감들의 시대가 열리다

'비호감 : 호감이 안 간다. 즉 못생겼다는 의미로 사용되는 말.'

초록 모자를 쓴 나의 이웃(?) 검색 사이트에 나와 있는 '비호감'에 대한 설명이다. 원래 비호감은 국어 사전에도 나와 있지 않은 정체불명의 신조어. 물론 비호감이 생김새만을 가리키는 말은 아닐 것이다. 여러 가지 이유로 닮고 싶지 않은, 주는 것 없이 왠지 싫은 류를 총칭하는 말로 긍정보다는 부정의 의미가 더 강하다.

하지만 이젠 '비호감 마케팅', '비호감 상사', '비호감 패션' 등 너무도 자연스럽게 사용되고 있다. 심지어 연예계에서는 '호감보다 비호감이 대세'라는 분위기가 이어지며 나처럼 덜 생긴(?) 사람의 주가가 조금 올라간 상황. 그 결과 꽃미남과 완소남이 판치던 방송국에 비호감이 설 자리가 생겨 숨쉬기가 훨씬 편해진 것

열과 성을 다해 노력하는 비호감들이 반드시 보게 되는
Silver lining (먹구름 속에 비치는 태양빛)!

이 사실이다. (호호~~)

하지만 여전히 비호감은 뭘 해도 미움받는 캐릭터다. 그 때문에 주가가 조금 올라간 것에 안주할 수는 없다. 카메라에 한 번이라도 더 잡히기 위해 발악하는 것은 기본. 잘생긴 캐릭터는 가만히 있어도 카메라가 그쪽을 향해 움직이지만 비호감 캐릭터는 사정이 다르다. 정말 웃기거나 정답을 맞히지 못하면 좀처럼 카메라가 다가오지 않는다. 또 자신에게 왔던 카메라도 편집 과정에서 조용히 사라지고 마는 경우가 허다하다. 그래서 촬영할 때는 한마디라도 더 하려고 더욱 '들이대'게 된다.

"영철아, 우리 같은 사람들은 하루 네 시간만 자야 해. 그렇게 열심히 해야 살아남을 수 있다니깐. 비호감인 데다 노력조차 하지 않아 봐. 당장 아웃된다."

"그럼, 그럼. 죽기 살기로 방송해야지. 대본대로만 하다가는 하루 종일 촬영하고도 내가 그 프로에 나왔는지 아무도 모르는 수가 있다니깐. 하하하~"

촬영이 끝난 후 대표급 비호감 캐릭터들이 모여 자주 나누는 말이다. 다행스러운 점은 이런 이야기를 너무도 즐겁게 나눈다는 것. 아마 이야기를 나누는 모습조차도 비호감으로 비칠 것이다.

비호감들의 영어 모토, 'Do or Die!'

대한민국 대표 비호감 개그맨인 나의 방송 모토는 '죽기 살기로 Do or Die!'다.

　본격적으로 영어 공부를 시작할 때 나의 심정도 딱 이랬다. 방송 생활에서 얻은 교훈을 영어 공부에 적용하자 놀라운 상승효과가 나타났다. 영어 울렁증도 작심 일주일 증후군도 '모 아니면 도' 심정으로 죽기 살기로 매달리는 '의지' 앞에서는 힘을 쓰지 못한다고나 할까? 시키는 것은 큰 목소리로 따라하고, 모르는 것은 적극적으로 질문하고, 선생님과 영어로 한마디라도 더 하기 위해 발악하고….

　'혹시 이런 것도 모른다고 생각하지는 않을까?'

　'발음도 안 좋은데 나중에 좀 더 잘할 수 있을 때 크게 해야지.'

　나의 사전에 이런 머뭇거림 hesitation 은 없었다. 둘이서 한 조가 되어 교재에 나와 있는 다이얼로그를 연습할 때도 길을 잃어 고생하는 제인 역할을 할 때는 실제로 길을 잃은 것처럼 눈도 크게 치켜뜨고, 소매치기를 당해 도움을 요청하는 마이클 역할을 연습할 때는 얼굴 표정을 마구 구겨가며 고함을 치기도 했다. 왜냐하면 내가 학원에 가는 이유는 우아하게 앉아 있기 위해서가 아니라 바로 영어를 배우기 위해서였으니까.

가끔 학원생 중에는 영어 회화 수업을 들으러 와서 우아하게 앉아만 있다가 돌아가는 친구들이 있다. 그런 친구들의 특징은 항상 품위를 잃지 않으려 노력한다는 것. 예를 들어 정확한 발음을 하려면 입 모양이 우스꽝스러워질 때도 있는데 절대 우스꽝스러운 상황을 연출하지 않는다. 또 틀리는 걸 우려해 99퍼센트 확신이 가는 답도 말하지 않는다.

나는 영어 공부를 할 때는 오히려 비호감 캐릭터가 유리하다고 생각한다. 학원에서 얌전하게 앉아 있으면 위기는 없을지 모르지만 아무런 발전도 없기 때문이다. 좀 밉보이더라도 나서서 열심히 하고, 낯깎임을 무릅쓰고 질문하고 공부할 때 실력이 는다. 배우고자 모인 자리에서 모르는 것을 숨기고 부끄러워하는 것이 오히려 더 비호감이라는 사실을 명심하자. 그리고 학원에서든 혼자서 공부할 때든 확실한 비호감으로 영어를 향해 들이대자.

비호감이 두렵다고? 걱정하지 마라. 비호감 경력 수년 차 선배로 자신 있게 말하건대 비호감 영어는 철면피처럼 보이는 뻔뻔함 속에 '열정'이라는 씨앗을 품고 있기 때문에 누구보다도 실력이 빨리 는다. 그리고 언젠가는 그 열정과 노력이 인정받아 '호감 영어'로 되돌아오기 마련이다.

비호감과 뻔뻔함에 갖춰야 할 2퍼센트

단, 한 가지 주의할 점이 있다. 비호감이 지나치면 시쳇말로 '안티anti : 반대(론)자'가 늘어나므로 일정 선을 지켜야 한다는 것. 비호감과 안티만 만드는 사람의 차이를 보여주는 좋은 예가 바로 다음 같은 경우다.

언젠가 한 학생이 〈정오의 희망곡〉 '영철영어' 방송을 듣고 나에게 이메일을 보내왔다. 태어나서 처음으로 영어 회화 학원에 등록해 열심히 공부하고 있는데 수업 내용 중 궁금한 점이 너무 많다는 것이었다. 그래서 강사에게 질문을 자주 하는데 그럼에도 궁금증이 해소되지 않아 답답해서 내게도 혹시 그런 경험이 있었느냐며 질문했다.

긴 메일에서 그 친구의 영어 공부에 대한 열정이 느껴져 나 역시 신중하게 답변하게 되었다.

> ××님.
> 수업 전후로 질문을 하는 것은 한계가 있지요. 저는 사실 님만큼 열심히 공부하지 않아 질문거리도 많지 않았어요. 다만 궁금한 점이 있을 때 강사에게 이메일을 보내 답변을 얻은 적은 있어요. 또 학원에 오래 다니다 보니 친구처럼 지내게 된 강사가 있어 가끔 급할 때는 전화로도 물어봤고요. 그러니 님도 이메일을 활용하는 것은 어떨까요? 좀 더 다니다 보면 요령이 생길 거예요.

그 후 나는 그 님으로부터 한 번 더 메일을 받았는데 메일을 읽고 깜짝 놀랐다. 강사가 전화번호를 알려주지 않았다며 영어로 어떻게 말해야 전화번호를 알려주는지 묻는 내용이었다. 메일을 읽으며 내 머릿속에는 이런 장면scene이 떠올랐다.

수업이 끝나고 한 학생이 번쩍 손을 들고 일어서서 질문한다.

학생 : How can I reach you? 연락처를 알 수 있을까요?

강사 : At xxx.yahoo.com. xxx.야후닷컴이에요.

학생 : Thanks. What about your cell phone number?
고맙습니다. 휴대폰 전화번호는 어떻게 되지요?

강사 : Oh, I'm sorry but.... 오, 미안하지만….

만일 그 학생이 강사의 수업을 들은 지 일주일도 지나지 않은 상황에서 대뜸 전화번호를 묻는다면 알려줄 이가 과연 몇 명이나 될까? 이처럼 갑작스럽게 이메일 주소를 묻는 것은 비호감에 준하는 행동. 그러나 도가 지나쳐서 전화번호를 묻는 결례는 바로 안티로 굳어질 수 있는 행위다.

그가 지금 내 옆에 있다면 이렇게 말해주고 싶다.

"인간관계는 절대 메*패* 하지 마세요~~~. 초고속은 오히려 우정에 해롭답니다."

비호감을 유지하는 데도 노력과 센스가 필요하다. 절대 금해야 할 것이 바로 인간관계에서 성급하게 행동하는 것이다.

안티로 직행하는 또 하나의 지름길은 학원 수업 시간에 영어가 잘 되지 않는다고 한국말을 마구 섞어 쓰는 경우다.

나와 함께 수업을 들은 이 중 그런 경향tendency이 아주 심한 학생이 있었는데 그녀는 늘 이런 식이었다.

강사 : What did you do last weekend? 지난 주말 어떻게 보냈나요?

안티 학생 : I went to France with my husband. 남편과 함께 프랑스에 다녀왔어요.

강사 : How was your trip? 여행 어땠나요?

안티 학생 : I saw Lido show. 아… 리도 쇼 is… 다 알죠? 그거 진짜 볼 만하더라고요….

강사 : In English, please. 영어로 말하세요.

안티 학생 : 아, 영어로 말할 줄 알면 내가 여기 앉아 있나요.
Anyway, the Lido show was great. 여하튼, 리도 쇼는 굉장했어요.
프랑스 가면 꼭 보세요.

그 학생은 수업 시간에 습관적으로 한국말을 섞어 쓰곤 했는데, 그 모습은 참 성의가 없어 보였다. 또한 다른 학생들에게도 민폐였다. 영어로 말하는 법을 배우려고 새벽같이 달려와 그녀의 말을 듣고 있자면 왠지 허탈해졌기 때문이다. 여기서 키포인트는 쩔쩔매더라도 영어로 쩔쩔매자는 것. 그것이 자신에게도 도움이 되며 여러 사람에게 민폐를 끼치지 않는 길이다.

앞의 두 예를 통해 알 수 있는 것은 영어 학습에서의 비호감과 뻔뻔함은 '무례함' 또는 '막무가내'와는 구분되는 '현명한 용기'라는 것. 그 차이는 바로 배움에 대한 '열정'이 있느냐, 없느냐일 것이다. 굳이 콕 찍어 말하자면 '열정이 있는 비호감'. 이것이 바로 내가 좋아하고 추구하는 비호감이다.

영철영어 Best 06

Money isn't an issue (for me)!
돈은 (나에게) 중요하지 않아!

외국인 친구 존이랑 여행에 대해 이야기할 때 일입니다. 제가 '돈도 중요하지만 돈은 여행 다녀와서 벌어도 된다'라는 의미에서 "Money isn't important to me." 라고 말했더니 존 왈, 그보다 세련된 표현이라며 이렇게 말하는 것이었습니다.

Money isn't an issue. 돈은 이슈가 되지 않아. / 돈은 중요하지 않아.

그래서 저는 곧바로 활용 들어갔습니다.

Looks aren't an issue. 생김새는 중요하지 않아.
Birthdays aren't an issue as we get older. 늙으면 생일은 중요하지 않아.

반대로 쓰고 싶으신 분들을 위해 활용 들어갑니다.

Money is an issue! 돈이 중요하지!
Looks are an issue! 생김새가 중요하지!

02 YOUNGCHUL ENGLISH

영어 회화의 베스트 프렌드, 오버액션

드라마에서 배운 '오버액션의 힘'

비호감과 떼려야 뗄 수 없는 것이 바로 오버액션 overaction 이다. 오버액션은 비호감의 기본이자 내 영어 공부의 베스트 프렌드.

"Hello~!"

짧은 인사 한마디를 할 때도 나는 입을 크게 벌리고 목소리 톤을 가능한 한 높여 아주 반갑게 인사를 나눈다.

물론 나라고 처음부터 쉬웠던 것은 아니다. 많은 이들이 개그맨 김영철은 삶 자체가 오버액션이라고 생각하는데, 알고 보면 전형적인 왕소심 A형. 방송에서는 오버액션을 유지하면서 상대방에게 마구 들이대거나 나대지만 평상시에는 내가 어떤 말을 했을 때 상대방이 불편해하는 기색이 조금이라도 보이면 며칠씩 혼자 고민하고, 또 반대로 누군가에게 핀잔을 들으면 며칠 밤 잠을 못 이루곤

한다. (믿거나 말거나~)

　왕소심 나에게 '오버액션'의 필요성과 중요성을 동시에 깨닫게 해준 이가 바로 탤런트 조미령 선배다. 조미령 선배는 드라마에 함께 출연할 때 내가 연기에 대한 조언을 구하며 가까워진 사이. 드라마 출연 경험이 별로 없는 나는 시간이 날 때마다 선배에게 내가 맡은 역할을 연기해 보이며 궁금한 점을 물었다. 그날도 비슷한 상황이었는데, 내 연기를 보고 선배가 이런 말을 했다.

　"영철아, 톤을 조금 더 올려 봐. 네가 올리면 감독님이 조절해줄 거야. 그러니까 무조건 올려."

　"그래요? 이 정도로 올리는 거 어때요? 안녕하세요~"

　"아니, 더 올려. 완전 고음으로."

"아~ 아~ 아! 안녕하세요~~ 이 정도로요?"

내가 생각해도 좀 높다 싶을 정도까지 목소리 톤을 높이자 그제야 선배는 오케이 사인을 보냈다.

"그래. 처음부터 그렇게 올리고 시작하는 게 좋아. 왜냐면 톤은 낮추기는 쉬운데 올리기는 어렵거든. 예전에 나도 그랬어. 야외 촬영 때 감독님이 '미령아, 톤이 높다. 좀 낮추자' 하면 한 톤 낮추는 건 무지 쉬운데, 반대로 '너무 처진다. 좀 올리자' 하면 정말 안 되는 거야. 나만 그런 줄 알았더니 다른 배우들도 다 그렇다고 하더라고."

웅얼웅얼~ 읊조리는 영어 회화 탈출 노하우

선배의 조언은 그때 당시 연기하는 데에 큰 도움이 되었다. 나는 그 기억을 되살려 영어 공부를 할 때도 그대로 적용application해보았다.

"What's up?"

"Oh, I'm so so~rry."

아주 기본적인 회화에서도 단지 목소리 톤을 높였을 뿐인데 왠지 영어를 잘하는 듯한 느낌이 들었다. 그 후로 나는 전신 거울 앞에 서서 얼굴 근육을 가능한 한 많이 움직이고 제스처도 다양하게 해가며 회화 연습을 했다.

효과는 확실했다. 연습 다음 날 외국인 강사들에게 확실한 오버액션으로 인사하면 그들 역시 평소 때와 다르게 대답하는 것이었다. 수업 시간에도 주변 시선을 의식하지 않고 목소리 톤을 높이고, 자리에 앉아서도 과장된exaggerated 제스처를 써가며 회화를 공부했다. 영어 발음에서 중요한 강세나 억양도 밋밋하게 발음하던 평소보다 서너 배 강조하며 오버액션을 취했다.

실전 오버액션 영어

포인트 영화 〈타이타닉〉에서 죽음 직전 잭과 로즈의 슬픔을 담아 절절하게! 영화를 보면서 강세, 억양, 톤을 따라한다면 금상첨화.

Rose : I love you Jack.
사랑해요, 잭.

Jack : Don't you do that. Don't you say your good-byes. Not yet, do you understand me?
포기하지 마. 우리에게 작별은 없어. 아직은 안 돼, 내 말 알겠어?

Rose : I'm so cold.
너무 추워요.

(중략)

Jack : You must promise me that you'll survive.... That you won't give up... no matter what happens... no matter how hopeless. Promise me now, Rose.... And never let go of that promise.
반드시 살아남겠다고 약속해줘…. 무슨 일이 있어도 어떤 상황에서도 절대로 포기하지 않는다고, 지금 약속해줘, 로즈…. 무슨 일이 있어도 어떤 상황에서도 반드시 지킬 거라고.

Rose : I promise.
약속할게요.

Jack : Never let go.
지켜야 해.

Rose : I will never let go, Jack. I'll never let go.
지킬게요, 잭. 지킬게요.

오버액션은 아무런 기준 없이 무턱대고 과장하는 것이 아니었다. 가령〈오프라 윈프리 쇼〉등에 출연한 외국 연예인들의 목소리 톤이나 억양, 제스처 등을 관심 있게 보면서 그들을 모델로 하여 자연스러운(?) 오버액션으로 다듬어나갔다.

그렇다고 금방 실력이 느는 것은 아니다. 다만 한 가지 분명한 건 목소리가 기어들어가는 듯한 영어 발음, 그래서 마치 읊조리는 듯한 내 영어 발음에 높낮이가 확실히 생겼다는 것. 그리고 더 중요한 것은 쉬는 시간이나 농담할 때는 목소리가 아주 큰데 수업 시간만 되면 작아지던 김영철과 이별할 수 있었다는 점이다.

영어 회화 공부에서는 오버액션이 반이다. 목소리 톤을 높이고 자신감 있게 말하다 보면 자연스러운 톤으로 안정된다. 그러나 처음부터 작은 목소리로 웅얼웅얼 공부하면 실제로 외국 사람을 만났을 땐 그보다 더 움츠러들어 아무 말도 할 수 없다. 믿기 어렵다면 69쪽의 대화 문장을 따라해 보라. 처음에는 약간 밋밋하게, 두 번째는 확실한 오버액션으로. 분명한 실력 차이를 느낄 수 있을 것이다.

영어 회화는 목소리 톤을 높이고 자신감 있게 오버액션으로!

영천영어
Best 07

Give me a break.
한 번만 봐주세요.

여기서 break는 '기회, 짬'이라는 뜻을 지닌 단어로 직역하면 '짬을 좀 줘', '기회를 줘'라는 표현입니다. 곧 '너무 빡빡하게 하지 마요~', '한 번만 봐주세요~'라는 애교 섞인 호소이지요. 약속 시간에 늦었을 때, 또는 아주 작은 실수를 했을 때 어깨를 살~짝 흔들며 쓸 수 있는 표현이라고나 할까요? 단, 여기서 주의할 점은, Give me a break.가 때에 따라 '그만해!'라는 의미로도 쓰인다는 것입니다. 예를 들어 운전하다가 경찰에 걸렸을 때 운전자와 경찰 모두 Give me a break.를 쓸 수 있습니다. 하지만 뜻은 전혀 다르답니다.

운전자 : Give me a break~(= Give me another chance~)
　　　　한 번만 봐주세요~
경찰 : Give me a break!(= Stop it!) 그만해!

또 미국에서는 도로에서 운전하다 보면 Give me a break.라는 문구를 종종 볼 수 있는데요, 그때는 '속도를 줄여라'라는 뜻이랍니다. 너무 복잡하다고요?
Give me a break~~~

03 Y O U N G C H U L   E N G L I S H

'잘하겠다'는 마음이 아니라 '틀려도 된다'는 마음으로 공부하라

입속의 수갑, 강박관념을 푸세요~

"실례함니다. 요기서 지하출 역 오떠케 카요?"

길을 걷고 있는데 한 외국인이 서툰 한국말로 길을 물었다고 가정해보자. 그러면 대부분의 사람들은 친절하게 길을 가르쳐줄 것이다. 아니, 어쩌면 역까지 직접 안내하는 사람도 있을지 모르겠다. 이렇게 가벼운 이야기를 나누면서 말이다.

"한국에 온 지 얼마나 됐어요?"

"일 논 대써요. 저가 한쿡 온 지."

"우와, 일 년밖에 안 됐는데 한국말 참 잘하시네요."

"아닙니다. 아주 초큼바케 못함니다."

서툰 한국말을 하는 외국인과의 대화, 가정이긴 하지만 실제로도 충분히 일어날 수 있는 상황이다. 사실 위 외국인의 한국어 실력은 문법적으로 맞지 않으며

발음 역시 서툴기 그지없다. 하지만 우리는 그가 한국말을 잘한다고 생각하며 대화를 나눈다. 의사소통에는 별다른 지장이 없기 때문이다. 외국인이 문법에 맞지 않는 한국말을 한다고 해서 "그렇게 말하는 건 옳지 않습니다. '저 한국 온 지 일 년 됐어요'라고 정확히 말하세요!"라고 정색하며 잘못을 지적하는 이는 아마 없을 것이다.

우리가 영어를 배워 대화를 나눌 외국인들도 마찬가지다. 그들은 우리가 얼마나 영어를 잘하는지 테스트하는 이들이 아니다. 따라서 표현이 조금 잘못돼도, 발음이 서툴러도 의미만 전달된다면 우리와 즐겁게 대화를 나눌 것이다.

그런데 우리의 모습은 어떤가? 마치 시험에서 백 점을 맞기 위한 것이 궁극적인 목적인 양 영어 공부를 하고 있지는 않은가? 문법적으로 바르고 정확한 영어를 구사해야 한다는 강박관념으로 똘똘 뭉쳐 있지는 않은가?

물론 언어를 배우는 과정에서 바르고 정확한 표현을 익히는 일은 매우 중요하다. 하지만 평생 사용하는 우리나라 말도 헷갈릴 때가 많은데 우리나라 말이 아닌 언어를 완벽하게 하기란 어려운 일이다. 그런데도 우리 주변에는 잘못 표현하는 것이 두려워 아예 입조차 열지 않는 이들이 너무나 많다.

내가 영어 공부를 시작하고 나서 놀란 것이 토익 점수는 매우 높은데 정작 외국인을 만나면 자연스럽게 인사조차 나누지 못하는 이들이 너무 많다는 사실이었다. 그런 경험을 통해 나는 그동안 우리나라 영어 교육이 '문법'에 편중되어 실생활에서 응용되지 못하고 있다는 생각을 하게 되었다.

문법에 얽매여 더 혼란스러운 일도 있다. 대표적인 경우가 외국 여행에서 버스 기사에게 길을 물어볼 때. "아저씨, 시청 가요?"라고 묻는 것이 자연스러운데 영어로 물을 때는 잘하지도 못하면서 길어진다.

"…말씀 좀 묻겠습니다. 이 버스가 시청까지 갑니까?"

일일이 문법 따져보고 한참 생각한 후 물어보다가는 말이 끝나기도 전에 버스는 떠나고 없을 것이다. 한국이든 외국이든 이런 상황에서는 약간의 제스처와 함께 "시청?"만 외쳐도 의사가 충분히 전달된다. 이것이 바로 언어다.

다시 한 번 강조하지만 우리가 영어 공부를 하는 것은 궁극적으로는 소통을 하기 위해서다. 따라서 영어를 잘하려면 '실수 없이, 정확한 문법의 영어를 구사해야 한다'는 강박관념에서 벗어나야만 한다.

고체 영어에서 액체 영어로 체질개선하기

그동안 우리가 배운 것은 문법 위주의 '고체 영어'다. 혼자 책을 읽으며 해석하는 것은 익숙하지만 정작 영어로 대화하려면 말문이 막혀버리는 고체 영어. 시간이 지나면 고체이다 못해 딱딱하게 굳어 활용의 여지도 없는 '화석 영어'가 되고 만다. 그러므로 고체 영어에서 일상생활에 자연스럽게 흐를 수 있는 '액체 영어'로 개선하는 작업이 시급하다. 그 기본은 바로 완벽하게 표현하려는 강박관념을 버리는 것이며 그러기 위해서 필요한 것이 앞에서 말한 오버액션과 비호감이다.

나는 영어 공부법을 묻는 사람들에게 이렇게 말하곤 한다.

"우리나라 말도 아닌 남의 나라 말을 하는데, 좀 틀리면 어때! 편안하게 생각하고 법에 저촉받지 않은 선에서 맘껏 틀리자고."

그러려면 먼저 영어를 완벽하게 해야 한다는 강박관념을 버릴 수 있도록 부둥켜안고 있던 문법과 거리를 두는 것이 필요하다. 단, '저~ 멀리'가 아니라 '요! 멀리'로. 왜냐하면 언젠가 공부를 하다 보면 문법이 필요하게 될 날이 올 것이므로 너무 멀리 버리면 안 되기 때문이다.

내가 먼저 만나 보니 영어는 배신을 잘하는 애인이다. 조금만 소홀하면 삐쳐서 의사소통이 잘 안 되고, 자주 만나주지 않으면 바로 떠나버린다. 또 이론만으로 상대방에게 다가갈 수 없듯이 적극적으로 구애하고 행동해야 결실을 맺을 수 있다. 그러므로 영어와 오래도록 친하게 지내려면 자주 만나서 이야기 나누며 애정을 표시하는 것이 필요하다. 그렇다고 너무 잘 보이려 애쓰지는 말자. 겁먹고 도망갈 위험이 있으니 말이다.

I am still new at it!
저 초보예요!

누구에게나 꼭 있는 것, 바로 초보 시절입니다. 영어 회화, 운전, 선생님… 초보가 마냥 나쁜 것만은 아닙니다. 초보라는 것은 곧 무언가에 새롭게 도전했다는 의미이기도 하니까요.
자, 초보자에서 중급으로 넘어갈 때의 그 기쁨을 상상하면서 응용 들어가 볼까요~
정말 초보라는 것을 강조할 때는

I'm very new at it. 저 정말 초보예요.

활용해볼까요?

I am still a beginner (at driving). 나는 아직 초보 (운전)자다.
I am a rookie (reporter). 나는 신참 (기자)야.
I'm new here. 저는 여기 처음 왔어요.

04 YOUNGCHUL ENGLISH
부딪힐수록 강해지는 영어 근육

'Teaching is Learning', 대학 시간 강사 도전기

나는 행운아다. 연예인이라는 직업 덕분에 세상 모든 사람들에게 내가 영어 공부를 하고 있다는 사실을 알리고, 많은 관심을 받으며 공부할 수 있었으니 말이다. 그 관심과 주목이 호감이라기보다는 비호감에 가깝기는 하지만…. 어쨌든 관심과 주목은 부담이 따르기 마련.

'연예인이 잘해봤자 거기서 거기지 뭐', '연예인이니까 50점 먹고 들어가는 거다'.

적어도 이런 식의 인상은 절대 주지 말자는 것이 나의 1차 목표였다. 뿐만 아니라 개인적으로는 '열심히 하는 사람이 아니라 영어를 곧잘 하는 사람이 되자'라는 욕심도 생겼다. 이런 마음으로 공부를 계속하다 보니 나에게 자꾸 새로운 기회가 주어졌다.

행복한 고민의 시작은 2005년 겨울, 아리랑 라디오에서 영어로 시를 소개하는 프로그램의 게스트 제안이 들어온 것이었다. 그리고 이듬해 초에는 계원조형예술대학에서 교양과목 '기초 영어 초급' 강의를 맡아달라는 요청이 들어왔다. 그동안 방송에서 "안녕하십니까~"와 "네네~"로 망가지는 모습을 주로 보였던 내게 대학 시간 강사, 영어 프로그램 게스트라는 제안은 상상하지 못했던 영역이었다.

'아, 이제 나는 살았다. 내가 떨어놓은 입방정이 이렇게 수습되는구나.'

알다시피 나는 엉겁결에 너무도 많은 사고를 쳐 까딱 잘못하면 개그맨 인생을 정리하고 조용히 한국을 떠나야 하는 위기에 처해 있었다. 때문에 이런 제안들은 구세주나 다름없었다. 하지만 기쁨 뒤에는 반드시 걱정, 망설임, 두려움과 같은 복잡한 생각이 뒤따라 나도 모르게 뒷걸음질을 치게 되었다. 그중에서도 학생들을 가르쳐달라는 제안이 가장 부담스러웠다.

'과연 내가 누구를 가르칠 수 있는 실력인가? 나도 배우는 처지인데 괜히 망신만 당하는 거 아닌가?'

고민 결과 첫 번째 내 대답은 'No'에 가까웠다. 너무도 좋은 기회지만 자신이 없었다. 최종 결정을 내리기 전 나는 나의 멘토이자 대학에 나를 추천해준 이근철 선생님께 조언을 구했다.

"영철씨, 'Teaching is Learning.', 가르치는 일도 배우는 거예요. 그러니 자신을 갖고 긍정적으로 생각해봐요."

이 한마디에 나는 용기를 얻었다.

'그래, 부딪혀보자. 미리 겁먹고 도전하지 않는 것이 오히려 더 비겁하다. 후회하더라도 그때 제안을 받아들일 걸 하는 후회가 아니라 최선을 다해 좌충우돌 부딪힌 후에 더 열심히 할 걸 하는 후회를 하자. 가슴 떨리는 삶을 살고 싶지 않니?'

대학 시간 강사 제안을 받아들이기로 결심한 후에는 '이왕 하는 거 최선을 다해 잘했다는 소리를 듣자'라는 욕심이 생겼다.

맨땅에 헤딩하는 심정으로 강의를 하게 된 내가 세운 원칙은 학생들이 영어를 '공부'가 아니라 '놀이'로 생각하게 하자는 것이었다. 학창 시절 나는 해외 유학을 다녀온 것은 기본인 훌륭한 선생님께 가르침을 받았지만 내겐 너무 딱딱한 영어였기에 미리 겁먹고 도망친 장본인이기 때문이다.

그래서 모험이긴 하지만 강의 방식은 내 공부 방식인 '방목 스타일'을 추구했고 교재에 충실하되 가르치는 형식만큼은 다양하게 변화를 주려 노력했다. 내가 가르치는 과목은 초급 영어이므로 우선 영어에 흥미를 갖게 하면서 기초를 다져나가는 게 중요하다는 판단이 들었기 때문이다. 또 학교 측에서 나에게 강의를 의뢰한 데는 이유가 있었는데, 예술대학의 특성상 학생들이 전공 수업에는 열성을 보이지만 그 밖에 다른 과목에는 좀처럼 흥미를 갖지 못하므로 '교양 영어'와 '재미'라는 두 마리 토끼를 잡고 싶어서였다.

특히 멀티미디어디자인학과는 학과 특성상 밤샘 작업이 많아 학생들이 20대 초반이 아니라 30대 직장인처럼 항상 피곤해했다.

'학생들 눈을 반짝반짝 빛나게 해줄 방법이 없을까?'

'내가 공부하기 싫을 때, 또는 졸릴 때 어떤 방법이 효과적이었지?'

이런 고민 끝에 나는 DVD 수업과 게임 수업으로 학생들의 시선을 붙잡았다. DVD 수업은 말 그대로 영어로 된 영화나 드라마를 수업 시간에 함께 보는 것이다. 원칙은 'Don't sleep!' 그리고 반드시 한 단어 또는 한 문장은 외울 것 두 가지였다. DVD 수업의 포인트는 보는 순간이 아니라 보고 난 다음. 만약 영화를 보고 난 후 느낌을 이야기하라고 하면 'fun', 'exciting', 'boring'과 같은 뻔한 답 predictable answers 외에 나올 것이 없다. 하지만 기억에 남는 단어 또는 문

장을 이야기하다 보면 자연스럽게 단어나 문장의 뜻을 이해하게 되고 더 나아가 학생들 스스로 반대말 또는 응용 표현까지 이끌어낸다. 재미있는 점은 문장을 말할 때도 영화 속 배우의 흉내를 내게 된다는 것. 즉 배우가 말할 때의 감정까지 그대로 실어서 말하는 것이었다. 예를 들어 '나가'라는 뜻의 'Get out.'이라는 문장이 기억난 학생은 정말 화가 난 듯 "Get out!"이라고 외치곤 했다. 그러면 나는 살을 붙여 "만약 여기서 당장 나가라고 말하고 싶다면?" 하고 물었고 학생 스스로 자연스럽게 응용 표현을 이끌어내도록 도왔다.

"Get out right now."

이렇게 이어가다 보면 학생들은 각자 최소한 한 단어씩은 이야기하게 된다.

게임 수업은 학생들이 밤샘 작업으로 졸려 할 때 처음 한 시간을 알차게 수업하기 위한 '당근용'이었다.

"여러분, 자, 조금만 더 힘을 내서 수업을 따라와 보세요. 그러면 2교시에 아주 재밌게 해줄게요."

"뭐예요?"

"당근 비밀이죠~"

그러면 학생들은 눈이 말똥말똥해지며 수업에 집중하게 된다.

그런 날 주로 하는 수업이 바로 내가 학원이나 외국인들과의 파티에서 배운 게임을 응용하는 것이다. 자주 했던 게임이 단어 맞히기 게임. 각 팀에서 한 명씩 나와 칠판에 쓰인 단어를 팀원들에게 영어로 설명해서 맞히는 게임이다.

보통 쉬운 단어부터 시작해 점점 난이도를 높여가는데 'lion 사자'이란 단어를 주면 "King of the jungle."이라고 설명하는 학생이 있는가 하면 "The Samsung baseball team~"이라고 설명하는 학생도 있다. 또 'the moon'이라는 단어를 주고 학생들이 과연 태양의 반대, 즉 "The opposite of the sun."이라고 설명할까 기대하면 "세일러 (음)" 하고 외친 후 만화 〈세일러 문〉의 변신 동작을 흉내 내며 신세대의 어린 시절 공통분모로 뽑아내는 학생도 있었다.

DVD 수업과 게임 수업의 장점은 모두가 함께 참여한다는 것. 나는 적어도 내 수업에서는 한 명의 학생이 지목되어 발표하고, 나머지 학생들이 우르르 이를 쳐다보는 풍경은 가능한 한 연출하고 싶지 않았다. 또 학생들은 비록 아주 간단한 말이기는 하지만 영어 시간에 영어로 대화를 했다는 자부심과 즐거움을 동시에 느낄 수 있어 의미가 있었다.

이근철 선생님 말대로 1년 동안 강단에서 학생들을 가르치면서 나 역시 무척 많은 것을 배웠다. 우선 내가 정확히 이해해야 설명할 수 있으므로 대충 이해하고 넘어갔던 내용은 확실히 내 것으로 만들어야 했고, 그런 후에는 가능한 한 쉽게 설명하는 방법을 고민해야 했다. 학생들과 함께한 시간은 나에게 피가 되고 살이 되었다. 한 시간을 가르치려면 최소 세 시간은 준비해야 했는데 그것은 고스란히 내 영어의 영양소가 된 것이다.

한 우물을 파다 보면 누구에게든 기회는 온다. 내게는 영어 강사라는 기회였지만 여러분에게는 그보다 더 나은 기회가 올 수도 있다. 그럴 때 '내가 과연 할 수 있을까?'라는 생각으로 도망가기보다는 부딪치고 깨지길 두려워하지 않는 마음으로 도전하면 그 과정에서 성숙하게 되는 것 같다. 이것이 내가 영어 공부를 하면서 깨달은 소중한 교훈 중 하나다.

또 하나의 도전, BBC와의 인터뷰

2006년 가을, 나는 후배 소개로 BBC British Broadcasting Corporation 와 영어 인터뷰를 하게 되었다. 당시 BBC는 인터넷 또는 사이버 공간에서의 피해 사례를 통해 인터넷의 순기능과 역기능을 살펴보는 방송을 준비하며 우리나라 연예인 중 한 명을 섭외했는데, 마침 BBC 한국 지사 섭외 담당자가 나와 친분이 있는 후배여서 얻은 기회였다.

BBC는 CNN Cable News Network 과 쌍벽을 이루는 세계적으로 권위 있는 방송. 그런 BBC와의 인터뷰를 마다할 필요는 없었다. 하지만 망설임도 따랐다.

인터뷰에 응하려면 2005년 한 오락 프로그램에서 GOD의 손호영군에게 내가 실수했던 일을 언급해야 했고, 그 후 GOD 팬들로부터 받은 블랙메일 내용도 공개해야 했기 때문이다. 게다가 인터뷰는 당연히 영어로 해야 하니 전 세계적으로 망신을 당할 수도 있었다. 두려움은 전자보다 후자가 더 컸던 듯하다. 불현듯 《코리아헤럴드》 인터뷰 당시 마음 고생했던 일이 떠오르며 온몸에 소름이

돋아났다. I've got goose bumps!!

이런 고민을 하던 중 다시 한 번 후배로부터 전화를 받은 나는 '후배 부탁인데 이 정도도 못 들어주나?'라는 마음에 해보겠다고 말하고야 말았다.

엉겁결에 수락했지만 그날부터 개그맨 오디션을 볼 때만큼이나 떨리기 시작했다. 며칠 고민하다가 결국 나는 후배에게 우려의 뜻을 전했다. 그러자 후배는 한국말로 말하고 성우가 영어로 더빙하는 방법을 제시했다. 그 말은 곧 내가 한국말로 이야기하면 방송에서는 다른 사람 목소리로 나간다는 것. 왠지 그것은 상상만으로도 싫었다.

'그래, 이렇게 또 한 번 고비를 넘는 거지 뭐.'

예상 답안을 준비해 열심히 연습하다 보니 약속한 인터뷰 날짜가 다가왔다. 물론 방송의 특성상 내가 열심히 준비해간 답안을 써먹을 기회는 좀처럼 오지 않았다. 또한 BBC 담당자의 영국식 발음을 알아듣는 데 한참의 시간이 걸려 내가 무슨 말을 어떻게 했는지 기억이 나질 않았다.

다행스러운 일은 인터뷰를 마치고 포장마차에서 소박한 뒤풀이를 하며 담당자로부터 칭찬을 들었다는 점. 카메라 앞에서 떨지 않고 영어로 유창하게 말하는 이가 드문데 너무 자연스러웠다며 "역시 방송을 아는 코미디언"이라고 칭찬한 것이다. 나는 그의 말에 역시 방송은 '눈치'라고 맞장구치며 기회를 놓치지 않고 유머를 날렸다.

"음, 내 영어는 사실 눈치 영어예요. 언어에서 센스가 얼마나 중요한지 알 수 있는 에피소드 하나 들려줄게요."

그날 들려준 에피소드는 바로 '팔도미인'이다. (warning 이 이야기는 '19세 이상 청취 가능'이므로 적절한 시청 지도가 필요하다.)

모 연예인과 친구 B군이 밤에 자동차를 타고 유흥가를 지나고 있었다. B군은

BBC와의 인터뷰 기사

South Korea is one of the most connected places on earth, but as Dan Simmons reports, spending so much time online has created a whole new set of social problems. Last year Korean TV Comedian Young-chul Kim starred on a game show that can still be seen on the internet today. In the TV programme, *X-Men*, celebrities have to provoke their opponent into reacting to put-downs. Young-chul joked that the pop star he was up against had a fake smile. While the singer held his nerve, his fans used chat rooms and forums to turn on the comedian. "It was just fun," said Young-chul Kim, "but a fan doesn't think about that." "They are very serious. They said 'I'm going to kill you,' that they'd pray for me. It was a kind of curse. It was the worst day I've ever had." The spiteful comments and threats continued for 12 months. This is a mild case of a growing phenomenon Koreans call cyber violence.

한국은 지구 상 가장 인터넷 접속이 발달한 나라입니다. 하지만 댄 사이먼의 취재에 따르면 한국은 인터넷 접속의 발달이 가져온 새로운 사회 문제들에 직면하고 있다고 합니다. 작년 한국 코미디언 김영철 씨는 한 쇼 프로그램에 출연했습니다. 그 프로그램은 여전히 인터넷 상에서 시청 가능하고요. 〈X맨〉이란, 연예인들이 서로 상대방에게 공격하여 좌절하는 반응을 얻는 게임입니다. 김영철 씨는 게임 중 한 인기 스타에게 가식적인 미소를 지녔다는 발언을 했고, 그 스타의 거북한 반응을 본 그의 팬들은 온라인상으로 김영철을 상대로 공방론을 펼치게 되었다고 합니다. "그냥 웃기려 한 거예요."라고 김영철 씨는 말합니다. "하지만 팬들은 그렇게 생각하지 않는 것 같아요." "그의 팬들은 매우 진지하게 '죽여버릴 거야' 등 저주에 가까운 말들을 했습니다. 제 인생 최악의 날이었어요." 이런 악플들과 해프닝은 1년간 지속되었습니다. 하지만 이런 해프닝은 아주 경미한, 흔히 일어날 수 있는 한국에서 말하는 '사이버 테러'의 한 현상이랍니다.

http://news.bbc.co.uk/2/hi/programmes/click_online/6112754stm에서 발췌

어려서 이민을 가 한국말이 아주 서툴렀는데, 게다가 심하게 눈치가 없어 고전을 겪고 있었다. 그날도 하루 종일 언어 때문에 스트레스를 받아 괴로워하며 집으로 가던 중 B군의 눈에 확실히 아는 글자가 들어왔다. 너무나 반가웠지만 B군은 괜히 말했다가 본전도 못 찾을까 봐 고민하다 자신 있게 말했다.

"×××씨, 한국 남자들은 웃긴 것 같아. 얼굴이 아니라 팔이 예쁜 여성을 좋아하나 봐."

그러면서 B군은 한 간판signboard을 가리켰다. B군이 가리키는 간판을 본 모 연예인은 그 자리에서 기절할 뻔했다.

간판에는 '팔도미인'이라고 쓰여 있었던 것이다.

내 말에 분위기는 화기애애해졌고, BBC 담당자는 이렇게 덧붙였다. 너 영어 발음 외국에서 공부하고 온 실력이다, 라고.^^

영어가 모국어인 영국 사람에게 영어를 잘한다는 말을 듣는 것보다 큰 영광은 없을 터. 나는 영국인 또는 미국인 중, 심하게 말이 없거나 말주변이 없는 '마이클'보다 낫지 않을까 하는^^;; 은근한 자부심을 갖게 되었다. 그리고 '또 한 건 해냈구나!'라는 생각에 보람도 컸다.

영어는 나의 모국어가 아닌 만큼, 영어에 관한 모든 상황은 현재 진행형. 지금도 좌충우돌하며 배우고 넘어지고 뛰어넘기를 반복한다. 도중에 멍이나 상처도 나기 마련이지만 몇 차례 반복하다 보면 '영어 소심증'을 갖고 있는 사람일지라도 웬만한 두려움은 이겨낼 수 있는 '영어 굳은살'로 변한다. 그뿐이 아니다. 도전하여 준비하고, 어렵게 얻어낸 것이야말로 알짜배기 실력, '단단한 영어 근육'으로 거듭나는 것이다. 현재 조금 안일하게 공부하고 있다면 또는 지금 나의 실력이 어떤지 궁금하다면 과감하게 스스로를 시험하고 도전하는 계기를 만들어 보자. 영어 시험이건 학원 수강이건 자신의 실력보다 조금 높은 그 무엇에 도전해보는 것이다.

　영어 공부 이왕 시작했다면 밋밋한 수평 그래프가 아니라 도전과 변화의 곡선을 그려보자!

Sink or swim, I'll go for it!
죽기 살기로 할 거야!

Sink or swim.은 '가라앉거나 헤엄치거나'의 표현 그대로 '죽기 아니면 까무러치기'의 운명을 건 절박한 상황을 말합니다. I'll go for it.은 무언가를 '해보다', '부딪쳐보다'라는 뜻으로 합치면, '죽기 살기로 도전해보겠다'는 표현이지요. 이런 뚝심이 있다면 영어 공부 반드시 성공하니 표현도 외워두세요. 다짐도 여러 번, 표현도 여러 가지로~

No matter how it turns out, I will try. 결과가 어떻든 간에 해볼 거야.

어려움을 겪고 있는 친구들에겐 이렇게 말해주세요.

Go the distance. 끝까지 해내(가다).
Stick it out. 끝까지 버텨.
Do or die. 죽기 살기로 해야 돼.

05 YOUNGCHUL ENGLISH

영철이도 하는데, 나라고 못하겠는가!

비호감 영어, 호감 영어로 돌아오게 해준 '영철영어'

　2006년, 영어 공부를 제대로 시작한 지 4년째 되던 해에 영어는 더 이상 공부가 아니라 일상이 되어가고 있었다. 여전히 좌충우돌 부딪치며 이리저리 헤매는 건 마찬가지지만 내 옆에는 늘 영어가 자리하게 된 것이다. 일주일에 세 번 이상의 학원 수업과 계원예대 강의만 해도 일상에서 영어가 차지하는 부분은 매우 컸다. 대학 강의가 있는 날은 학원 수업과 더불어 하루 다섯 시간 이상을 영어와 함께하게 되었다. 두 수업 모두 강의 시간보다 준비하는 시간이 더 긴 것을 고려하면 영어 반 우리말 반을 사용하게 되는 날도 있을 수밖에 없었다.

　하지만 뭐니 뭐니 해도 내 생활에 영어를 흐르게 한 결정타는 바로 매일매일 생방송으로 진행되는 MBC 라디오 〈정오의 희망곡〉의 '영철영어' 코너였다. '전 국민의 영어 울렁증 극복 프로젝트'를 목표로 내건 '영철영어'는 비록 방송 시간

'영철영어' 진행 전에 한 컷~

은 10여 분이 채 안 되지만 그 반향은 이루 말할 수 없이 컸다.

칠푼이 같은 이야기지만 '영철영어' 광팬 maniac이 바로 나. '영철영어'는 시청자의 사연과 질문 그리고 이에 관련된 짧은 영어 회화 표현으로 꾸며지는데 그 내용이 너무 재미있어 진행하는 나도 즐겁다. 그리고 무엇보다 뿌듯한 것은 '영철영어' 이후 내 이미지가 상당히 업그레이드되었다는 사실이다. ^^;

알다시피 나는 전형적인 비호감 개그맨. 그런데 '영철영어' 이후 〈정오의 희망곡〉 애청자들은 물론 주변 곳곳에서 칭찬과 격려의 말을 듣게 되자 반가우면서도 조금 당황이 되었다.

사실 '영철영어'를 시작할 때 이렇게 반응이 좋을 거라고는 아무도 예상하지 못했다. 아니, 나는 엉겁결에 시작해 예상이고 뭐고 생각할 겨를이 많이 없었다. 어느 날 느닷없이 개그우먼 정선희 누나가 전화해 단순한 나를 간결하게 설득했기 때문이다.

"영철아, 누나 믿지? 그럼 한번 해보자꾸나."

그 말에 "아니. 나, 누나 믿지 않아"라고 말할 수 있는 용기가 나에게 없었다.

걱정은 오히려 전화를 끊고 나서 시작되었다. 〈정오의 희망곡〉은 MBC 라디오 프로그램 중에서 전국 청취율 1위를 자랑하는 프로그램. 전 국민 앞에서 영어를 해야 한다는 생각이 들자 눈앞이 아득했다. 그랬던 것이 벌써 100회 세레모니를 마치고 개편 때마다 살아남아 굳건히 자리를 지키며 매일 낮 12시 16분 언

저리는 나의 해피타임이 되었다.

'영철영어' 방송이 나간 후 격려 전화도 많이 받았다.

"어이 영철이, 발음 좋던데. 어학연수 다녀왔어?"

"요즘 영어로 웃기데. 너무 재밌어."

동료 연예인들의 따뜻한 말 한마디는 그야말로 감동의 물결~ 데뷔 이후 이런 따뜻한 관심은 처음이었기에 살짝 당황되면서도 기분은 하늘을 나는 느낌이었다. 비호감에서 호감으로 전환되는 소리가 멀리서부터 들려오는 것 같았다.

'영철영어'에서 자신감과 영어 표현 다 퍼가세요~

가장 고마운 이는 프로그램을 함께 진행했던 정선희 누나다. 누나는 일어뿐 아니라 영어에도 능통한 개그우먼 출신 DJ. 그렇기 때문에 '영철영어' 같은 코너가 기획될 수 있었을 것이다. 실제로 진행하면서도 누나 덕을 무척 많이 보고 있다. 행여 내가 좀 오버하고 앞서 갈라치면 누나는 재치 넘치는 입담으로 시청자와 잠시 벌어진 틈을 바로 메워놓는다.

'깎아주세요'라는 표현이 주제인 날로 기억되는데, 그날 내가 준비한 표현은 '할인해주시겠어요?'란 뜻의 'Can you come down?', 'Can I get some discount?'였다. 두 표현을 배우고 나서 좀 더 어려운 표현으로 하나 더 할까 싶었는데 누나는 벌써 눈치를 채고 다음 멘트를 이어갔다.

"뭐 꼭 이렇게 정중한 말만 있나요. 'Discount, please.' 해도 되지요. 또 정급할 때는 온몸으로 이야기하며 한마디만 해도 됩니다. 어~우~~; 요기서 뽀인뜨는 발음도 아니고 악센트도 아니고 그저 어깨와 가슴팍을 부르르 떨어야 한다는 거죠.^^ 이런 영어가 더 잘 통할 때가 정말 많아요."

누나의 한마디에 스튜디오는 웃음바다로 변했고, 그날은 다른 날보다 즐겁고 힘차게 마지막 멘트 "Enjoy your day to the fullest.오늘 하루 꽉 누리세요."를 외칠 수 있었다.

그날 별다른 말은 하지 않았지만 누나의 의도는 이런 것이었으리라.

"'영철영어' 애청자는 영철이 너를 보고 이제 막 용기를 얻어 영어 울렁증을 극복해가는 초보자들이야. 그래서 가능한 한 쉬운 표현으로 가야 해."

참으로 다행한 일은 '영철영어'를 듣고 '영어는 별거 아니다'라는 생각을 하게 된 이들이 많다는 것. 동생과 싸우다가도 또는 점심을 먹다가도 "이럴 땐 영어로 뭐라고 하지?"라고 궁금해하는 이들이 점점 늘어나고 있으며, 또 편의점에서 아르바이트하는 학생이 '영철영어'를 듣고 외국인과 대화를 나누게 되었다는 소식도 들려왔다.

'영철이도 하는데 나라고 못하겠어?'

이것이 바로 영어를 잘하는 전문가 선생님들과 다른 '영철영어'만의 경쟁력이다. 영어 공부 이력 십수 년간을 초급과 중급 사이를 시계추처럼 주기적으로 왔다 갔다 하는 데 허비하고 영어의 언저리만 맴돈 영철이, 의지박약에 집중력 5분 한계의 산만한 영철이가 영어에 눈떴다면 당신도 반드시 할 수 있다. 열정만 있다면 서울 한복판에서 즐겁게, 자신 있게 영어 정복에 성공할 수 있을 것이다.

Suit yourself~
네 맘대로 해~

주변에 이런 친구 꼭 있죠? 물건 살 때나 뭘 할 때 옆 사람에게 집요하게 묻고는 결국 지 맘대로 하는 친구…. 바로 그런 얌체 친구에게 시원하게 해주고픈 표현입니다.

Suit yourself~ 네 맘대로 해~
Do as you please. 네가 하고 싶은 대로 해.
Don't ask me. Do whatever you want! 내게 묻지 마. 네가 원하는 대로 해!

그래도 계속 묻는 친구가 있다면 영철은 이렇게 한방 먹여주고 싶답니다. 눈을 살짝 흘기면서 빈정거리는 투로~

Why are you asking me? 왜 묻니?

06 Y O U N G C H U L   E N G L I S H

제발 수다 좀 떨자고요~~

'수다'가 경쟁력인 이유

"한국인, 일본인, 중국인이 동시에 영어를 배우기 시작했다고 칩시다. 세 사람 중 가장 먼저 말문이 트이는 사람은 누구일까요?"

언젠가 어느 영어 강사가 내게 한 질문이다.

그때 나는 한국인이라고 대답했던 듯하다. 하지만 그는 중국인이라고 말했다. 이유는 단순 명쾌했다. 중국인이 대체로 말이 많아서 영어를 배울 때도 말을 많이 하고, 잘하게 된다는 것. 그 말에 나는 전적으로 공감하며 나, 그리고 개그맨들을 떠올렸었다.

많은 사람에게 개그맨은 방송에서는 말이 많지만 집에서는 말이 없다고들 알려져 있다. 나도 개그맨이 되기 전까지는 그럴 거로 생각했다. 하지만 개그맨이 되고 보니 개그맨(우먼)치고 말하기 싫어하는 사람은 없었다. 물론 아주 피곤한 경우는 예외일 때도 있지만 일반적으로 개그맨들끼리 모이면 서로 말하려고 싸우면 싸웠지 침묵이 흐르는 때는 거의 없다. 정말이다. 한마디로 대부분 한 말빨(?) 하는 이들이 바로 개그맨. 그래서인지 외국어를 배우는 데 개그맨들이 유리한 편이다.

정선희, 조혜련 누님이 비교적 짧은 시간에 일본어 고수로 인정받은 것은 워낙 열심히 하기도 했지만 말빨도 한몫했음을 누님들도 인정하는 바다. 두 선배 모두 개그우먼 중 한 말빨 하는 대표 선수들로 쉬지 않고 이야기할 수 있는 체력과 쉬지 않고 웃길 수 있는 능력을 겸비했다.

개그맨뿐만 아니라 배우들도 직업상 말이 많은 편이라 역시 언어를 배우는 데 유리한 듯하다. 대표적인 분이 탤런트 유인촌 선생님. 선생님은 일본의 한 대학에서 객원연구원으로 일하게 되었을 때 대본 외우던 실력으로 일본어를 공부해 단기간에 마스터했다고 한다. 그분 역시 잘 알려진 달변가. 이렇게 봤을 때 말하기를 좋아하거나 말을 잘하는 이들은 다른 나라 언어를 배우는 데 유리함이 틀림없다.

내 경우도 마찬가지다. 내가 영어를 배운 것은 말하기를 좋아해서 남보다 더 많이 말하려고 영어까지 배웠다는 게 나와 절친한 사람들의 중론.^^; 내가 말이 많은 것은 나 자신도 인정하는 바이므로 굳이 반론을 제기하지 않았다. 방송에서도 나는 여성 선배님들과 이야기가 잘 통하는 동네 아줌마 캐릭터고, 나의 멘토 근철 선생님도 오죽하면 나에게 '말 좀 줄이라'는 충고를 할 정도니까.

Hi, ma'am! 인간 조각상에게도 말 걸어야 속이 풀리는 수다쟁이 영실^^

영어 대화 '작문'하지 말고, '즐겁게 소통'하세요~

　우리 사회에서 말이 많은 것은 자랑은 아니었다. 하지만 나는 부끄러운 일도 아니라고 생각한다. 물론 말이 많다 보면 쓸데없는 말도 많이 한다는 것은 인정하지만 말 많은 것을 생산적으로 활용해 혼자서 누군가의 성대모사를 연습하고, 누군가와 같이 있을 때는 그 사람을 웃기려고 노력한 탓에 개그맨이 되었다고 자부한다.

　특히 수다는 머릿속에서 녹슬기 쉬운 영어 공부에 제대로 기름칠을 해주었다. 수다는 신변잡기를 소재로 한 가벼운 대화이기 때문에 보다 마음 편하게 대화할 수 있다는 것이 장점. 영어로 대화할 때 어렵게 작문하느라 진땀 빼는 것이 아니라 즐겁게 소통하는 것에 초점을 맞추는 것이다.

　단, 수다를 떨 때는 나만의 간단한 규칙이 있었다. 한 번 배운 표현은 수다에서 꼭 한번 사용한다는 것. 그러면 배운 표현을 복습하고 활용할 수 있는 것은 물론, 때때로 강사나 외국인들이 유사한 표현과 응용 표현을 알려주어 일석삼조의 상황이 만들어지곤 했다. 또 어떻게든 내 의사를 전달하려고 보디랭귀지까지 동원해서 풀어낸 수다는 상대의 이해와 협조를 얻어 더 좋은 표현으로 다듬어졌고 회를 더할수록 풍부해졌다.

　물론 계속해서 "What?"만 되풀이하며 못 알아듣는 척하는 사람, 냉대하는 사람도 있었지만 대부분 적극적으로 대화를 이끌어가려는 내 말에 귀 기울여주어 유창한 표현은 아니어도 진심으로 대화할 수 있었다. 그래서 어학을 공부하는 이라면 수다를 즐기라고 과감히 말하고 싶다.

　수다 정도의 수준은 아니지만 내가 아는 외국인 중 한국말을 잘하는 이들은 대체로 말장난을 좋아하는 경우가 많다. 나로 하여금 말을 장난감처럼 가지고 놀다 보면 자연스럽게 말이 는다고 생각하게 한 이는 EBS 영어 강사 아이작 선생

님이다.

한번은 아이작과 함께 버스를 탈 일이 있었다. 정류장에서 버스 노선을 살펴보니 한 번에 가는 좌석버스가 있기에 반가운 마음에 아이작을 향해 말했다.

"아이작, 우리 좌석버스 타고 가요. 그러면 편하게 앉아서 갈 수 있어요."

그러자 아이작은 정색하며 "안 돼요!"라고 말하는 것이었다. 그러고는 이어서 하는 말이, "자석버스 타고 가면 몸이 버스에 붙어서 위험해요"였다.

그날 이후 나는 아이작의 유머에 반해 그와 더욱 가까워졌는데, 그는 언어유희를 즐기는 진정한 언어의 연금술사였다.

만약 이 책을 읽는 독자 중에 자신이 말이 없는 편이라고 생각하는 이가 있다면 먼저 한국말로라도 말하는 것을 즐기라고 권하고 싶다. 그것도 어렵다면 일단 글로라도 수다를 떨자. 그런 후에 그것을 큰 소리로 읽다 보면 수다 말문이 트이는 날이 올 것이다. 그래도 수다 떠는 일이 힘들다면? 그런 이들은 한 번 정도 나와 만나 이야기를 나누었으면 한다. 24시간 수다 떨기의 진수를 본다면 닫혔던 입이 조금은 열리지 않을까 기대하기 때문이다.

영철영어
Best 11

Once a cheater always a cheater!
한 번 바람둥이는 영원한 바람둥이!

미국 드라마 〈프렌즈〉에서 건진 표현입니다. 제니퍼 애니스톤이 바람맞고 난 후 침실에 앉아서 하는 말이지요. cheat는 '속이다', '부정 행위를 하다'란 뜻. 속이는 종류도 가지가지로 응용됩니다. cheat on (you)는 '(당신) 몰래 바람피우다'란 뜻입니다. 명사로 cheater라고 하면 바람둥이, 또는 사기꾼이 되지요. 옆 자리에 앉은 학생의 답안지를 슬쩍 보고 답을 적는 것은 cheating이랍니다. cunning은 '교활한'이란 뜻으로 우리가 말하는 '베껴쓴다'는 의미는 콩글리시입니다~
그럼, 또 응용 들어가 볼까요?

Are you cheating on me? 너 나 몰래 바람피니?
She is cheating on you. 그녀는 너 몰래 바람핀다.

이런 표현을 들으면 전 또 연구에 들어갑니다.
우리말에 '한 번 스승은 영원한 스승이다'라는 말 있잖아요. 이런 식으로 응용하면~

Once a teacher always a teacher. 한 번 스승은 영원한 스승이다.
Once a liar always a liar! 한 번 거짓말쟁이는 영원한 거짓말쟁이!

Why the long face?

2003년 10월경, 새벽 반 수업을 듣기 위해 막 학원에 도착했는데 마침 나의 영어 선생님과 마주쳤다. 나를 보자마자 선생님은 물었다.

"Hey, why the long face?"

long face라는 말에 나는 깜짝 놀랐다.
'뭐야, 내 얼굴이 길다는 얘기야? 참, 나 원. 좀 친해졌다고 노골적으로 진실을 말하네.'
침착을 되찾고 나서 나는 조용히 웃으며(썩소) 말했다.

"I know, I have a long face. 하하하~"

마지막 웃음은 '나는 소심하지 않아. 그래서 그 정도 말은 웃으면서 넘길 수 있어'라는 것을 과시하기 위한 제스처였다.
그런데 내 말에 선생님은 이해할 수 없다는 표정을 짓는 것이었다. 바로 그때 옆에서 우리를 지켜보던 학원 실장님 왈.
"영철 씨, 선생님이 오늘 영철 씨 얼굴이 시무룩해 보인다고 걱정하신 거예요."
"예?"
의아해서 사전을 찾아보니 long face는 얼굴이 길다는 뜻이 아니라 '시무룩한 얼굴', '침울한 얼굴'이라는 의미가 아닌가!
'으악~! 오늘도 한 건 했구나!!'
"우울해 보이는데, 무슨 일 있어?"라고 안부를 묻는 사람한테 "나도 알아, 나 얼굴 길다고"라고 말하다니.
죽어도 이 문장은 잊지 않을 것이다.

영철이식 '후천적 뻔뻔함' 만들기 5계명

영어는 오버액션으로 뻔뻔하게 해야 입이 트인다고 말하면 십중팔구는 이렇게 되묻는다. 그건 코미디언이고 선천적으로 뻔뻔한 당신에게나 해당하는 얘기 아니냐고. 그러나 앞서도 말했듯이 난 근본적으로 소심한 편. 다만 웃기고 싶은 끼는 있기 때문에 어떻게든 들이대고 뻔뻔해지려고 노력하는 것이다. 마찬가지로 영어 공부를 위한 뻔뻔함도 얼마든지 시간과 노력으로 빚어질 수 있는 결과물이라고 생각한다.

'난 원래 소심해서 안 돼'라고 미리 단념하는 분들을 위해 공개한다. 후천적 뻔뻔함을 길러주고 영어 회화 실력 업그레이드에 도움이 될 5가지 방법!

❶ 체면과 스타일은 죽이고 '목표'를 사수하라!

남들 눈 의식하고 얌전하게 수줍게, 스타일 챙겨 공부하고 싶다구요? 평생 영어의 언저리만 더듬을 운명이라 생각하시면 됩니다. 영어 목표에 초점을 맞추고 직진하는 습관을 길러보세요. 얼마간의 낯깎임과 창피가 뒤따를 수도 있으나 우회하지 않고 쾌속으로 실력을 업그레이드하는 신명에 그쯤은 아무것도 아닌 날이 옵니다.

❷ 실수는 '수치'가 아니라 배우는 자의 특권!

뻔뻔해지기 위한 필수 조건은 바로 '실수'와 '완벽함'에 대한 강박관념을 은하계 너머로 날려 보내는 것. 외국어를 틀리는 것은 네이티브들에게 없는 외국인 학생들만의 특권입니다. 법에 저촉받지 않으니 맘놓고 틀리세요~ 단, 같은 실수로 세 번 이상 특권을 누리시면 게으른 것이니 반성 들어갑니다~

❸ **없는 기회는 만들고 오는 기회는 절대 놓치지 마라!**
혼자 앉아 엉덩이로만 공부하지 말고 선생님이건 친구건 적극적으로 말하고 대화, 편지 나눌 인맥을 만드세요. 이러한 적극적인 행동을 하고 시행착오를 하다 보면 확실히 담대해지고, 영어 인맥도 쫙쫙 늘어난답니다~

❹ **영어 대화는 발표나 작문이 아니라 '어떻게 소통할까?'에 초점!**
외국인과 영어로 대화할 때 급히 주눅 드는 이유 중 하나가 바로 대화를 대화로 생각하지 않고 영어로 '작문' 또는 '발표'한다는 생각에 얼어붙는 것이랍니다. 그렇게 되면 아는 영어도 함께 얼어붙어 나오지 않습니다. 한국어든 영어든 대화의 목표는 너와 나 사이의 '소통'! 손짓 발짓 다 나와도 좋으니 어떻게든 소통해보자는 마음가짐으로 이야기하세요. 그냥 말할 때보다 두세 배 더 담대해집니다~

❺ **지금 당장! 또는 평생 똑같이~의 마음가짐으로!**
머뭇거림과 미루는 버릇이야말로 영어 소심증과 10년 요요 영어의 근본 원인. 영어는 바로 지금 실행하지 않으면 평생 똑같습니다. 단어 배우셨다구요? 지금 당장 옆에 있는 가족과 친구에게 문장으로 써먹어보세요. 상황에 굴하지 않고 즉각즉각 실행하는 습관이 '뻔뻔함'의 지수를 높입니다.

01 취미와 호기심의 10퍼센트는 영어로 해결하라

02 인터내셔널 휴먼 네트워크 만드는 법

03 Thank you, 영어 1촌들

04 내 생활에 영어를 '흐르게' 하는 아이디어

05 여행은 즐거워~~

06 익숙한 곳에서 발견하는 '새로운 영어 길'

"저는 외국인을 만날 기회조차 없어요"라고 푸념만 하는 사람들에게 기회란 '우연'으로 다가온다. 그러나 기회를 만들고자 끊임없이 노력하는 사람에게는 '필연'으로 찾아오기 마련. 영어 연수 가지 않고도 서울 한복판에서 스스로 영어 환경을 만드는 법을 공개한다.

PART 03

생활 영어습관 Project 1
해외 연수 가지 않고 영어 환경 만드는 법

Y O U N G C H U L   E N G L I S H

01 YOUNGCHUL ENGLISH

취미와 호기심의 10퍼센트는 영어로 해결하라

관심사가 영어를 만났을 때

선남선녀가 처음 만나는 소개팅 자리에서 어색함이 한 방에 날아가는 순간이 있다.

"어머, 어쩜 저랑 취미가 똑같으세요."

이렇게 서로의 관심사가 일치할 때! 두 사람 사이를 가로막고 있던 보이지 않는 장벽이 일시에 허물어지며 바로 친밀 모드가 형성된다. 이것이 바로 관심사의 힘. 시험 공부 때문에 밤을 새야 하는 날은 초저녁부터 잠이 몰려오지만 자신이 좋아하는 분야는 밤을 새워 이야기해도 즐겁기만 하다.

내게 그런 관심사는 할리우드 연예계 소식. 개그맨이 되기 전부터 할리우드 연예인들의 일상사에 관심이 많았다. 개그맨이 되고 난 후에는 관심의 폭이 더 넓어져 할리우드 영화뿐만 아니라 코미디언들의 스탠딩 코미디, 미국 드라마 소식까지 좍 꿰게 되었다. 그러다 보니 가십에도 능통한 소식통이 되었다. 사실 할리우드 뒷담화gossip는 시간 보내기killing time용 수다거리에 지나지 않는 이야기들. 하지만 나의 관심사가 영어 공부와 접목되자 상황은 달라졌다. 이젠 수다가 아니라 영어 공부의 터전이 된 것. 관심 있는 이야기는 이해하지 못하는 언어라도 빠져들기 마련이라 '앤젤리나 졸리와 브래드 피트 불화설'이라는 제목의 기사를 보면 그 이유가 너무너무 궁금해 사전을 찾아가면서 기사를 읽고 눈이 빨개지도록 인터넷을 검색했다. 솔직히 처음에는 이런 내 모습이 한심하기도 했다. 기껏 영어 공부한다고 책상 앞에 앉아 남의 뒷담화를 캐는 모습이 탐탁지 않았기 때문이다. 하지만 '그러지 말아야지' 하면서도 비슷한 기사에 자꾸 관심이 가고 다른 곳으로 눈을 돌리면 바로 잠이 쏟아지기 일쑤. 결국 나는 내 관심 분야인 가벼운 뒷담화를 영어 공부의 소재로 삼게 되었다. 그리고 '취미와 호기심의 10퍼센트는 영어로 해결한다'는 대원칙 아래 몇 가지 규칙을 정했다. 공부의 소재로 삼은 이상 약간의 노력과 계획이 동반되는 것은 필수니까.

할리우드 소식은 '메이드 인 할리우드made in Hollywood'로 접한다

나의 영어를 차지게 해준 것을 꼽으라면 단연 연예 주간지 《피플》이다. 《피플》을 처음 알게 된 것은 2004년 미국 방문 때였다. 돌아오는 길에 비행기에서 읽을 만한 책을 사려고 서점에 들렀는데, 표지에 휘트니 휴스턴과 바비 브라운이 헤어지려 한다는 기사를 대문짝만 하게 다룬 잡지가 눈에 띄었다. 휘트니 휴스턴 부부 옆으로는 톰 크루즈 모습도 보였다. 휘트니 휴스턴과 바비 브라운 소식이 궁금했던 나는 다른 책과 함께 그 잡지를 구입했고 돌아오는 비행기 안에서 아주 재미있게 읽었다.

이를 계기로 나는 《피플》 애독자가 되었고, 그 후로 내 가방에는 《피플》 또는 《인 터치》, 《라이프 앤 스타일》류의 잡지가 항상 들어 있었다.

'EXCLUSIVE, WHEN CAMERON FOUND OUT 특종, 캐머런이 (그들의 관계를) 알게 됐을 때', 'LINDSAY'S SERIOUS ABOUT REHAB 린제이 진지하게 재활 치료를 고려 중'이라는 제목을 커버스토리로 뽑아내는 식이 《피플》과 같은 연예 잡지의 특징. 해외 배우들 뒷담화(?)에 관심이 많은 나는 《피플》을 통해 배우들의 사생활에서 그들의 생각, 배우로서의 연기관을 알아가는 것이 큰 흥밋거리였다.

국내 스포츠 신문이나 아침 무가지에서 접하던 해외 연예 소식을 《피플》류의 미국 연예 잡지를 통해 확인하기 시작하면서 외국인 친구들을 만나면 《피플》의 기사를 소재로 자연스럽게 대화를 이끌어나갔다. 저스틴 팀버레이크의 새 여자 친구가 커버스토리로 실린 날은 '과연 캐머런은 언제 그 사실을 알았을까?', '제시카 베일과 캐머런 디아즈 중 누가 더 나은가?'를 가지고 그들과 열띤 토론을 벌이기도 했다. 음… -_-;

잡지를 구입하는 장소는 철 지난 잡지를 저렴하게 판매하는 헌책방. 비록 1~2주 전 이야기들이지만 개의치 않았다. 《피플》이나 《인 터치》의 기사들은 시각을 다투지는 않았으니까. 마돈나 임신 소식을 한 달 후에 듣는다고, 맷 데이먼의 인터뷰를 2주 후에 읽는다고 달라지는 것은 없지 않은가!

미국 드라마, 절대 멍하니 보지 않는다

잡지나 TV 연예 뉴스 외에 미국 드라마도 빼놓을 수 없는 나의 영어 교재다.

학원 리스닝 수업도 CNN 대신 드라마 〈프렌즈〉반을 선택했던 나는 '미드'에 심취해 〈위기의 주부들Desperate Housewives〉은 이틀 만에 23회분을 마스터할 정도였다. 드라마의 장점은 등장인물과 대략의 스토리를 파악하면 분위기만으로도 내용을 이해할 수 있다는 것. 따라서 눈치도 늘고 액션도 늘고 덩달아 귀도 트인다는 점에서 좋은 교재다.

단, 주의할 점은 아무 계획 없이 드라마를 보면 공부에 별 도움이 되지 않는다는 사실. 많은 이들이 범하는 오류common error가 영어 공부의 하나로 미국 드라마를 보기 시작했다가 결국 드라마 폐인이 되어 한글 자막만 즐겨 보는 경우다. 나 역시 그런 과정을 거친 이 중의 한 사람. 그 후로 드라마 시청이 공부가 되게 하려고 드라마를 볼 때는 일부러 노트를 펼쳐놓았다. 잘 들리는 대목은 한글로 적고 드라마가 끝난 후에는 한글을 보면서 영문으로 바꾸는 식으로 되새김질을 하게 된 것이다. 또한 드라마 영문 홈페이지에 들어가 등장인물들에 대한 소개나 드라마 배경을 살피기도 하고 마음에 드는 배우의 현지 팬 카페를 살펴보며 인기를 실감하기도 했다. (자세한 영어 드라마 보기 노하우는 부록 230쪽을 참고하세요~)

누구에게나 취미는 있을 것이다. 축구 팬이라면 자신이 좋아하는 외국 선수의 경기 소식만큼은 영문 뉴스로 해결하자. 또 책읽기가 취미인 이는 자기가 좋아하는 외국 작가의 홈페이지나 팬 카페를 자주 돌아다니며 새로운 정보를 얻는 것도 좋은 방법이다. 또 와인 마니아라면 하나 정도의 동호회는 외국 사이트에 가입해 국제적으로 즐겨도 좋다. 관심사도 해결하고 영어도 공부하고 그야말로 '일거양득 killing two birds with one stone'이 아닌가.

취미와 관심거리만큼 시간 가는 줄 모르고 빠져들 수 있는 대상은 찾기 어렵다. 이런 몰입 에너지가 영어 공부와 만나면 엄청난 상승효과를 내기 마련이니 적극적으로 활용해보기 바란다. 단, 모든 관심사를 영어로 해결하려고 욕심내면 관심사가 오히려 고역이 되는 부작용이 나타나기 마련, 그러므로 실력에 따라 10퍼센트에서 30퍼센트 정도의 수위를 조절해가며 활용한다면 일상에서 즐겁게 영어를 늘릴 수 있는 절호의 기회가 될 것이다.

영쌤영어
Best12

I'm in the mood for (ice cream)~
(아이스크림)이 당긴다~

I'm in the mood for ice cream!
I have a craving for ice cream!
I'm craving ice cream!

모두 '아이스크림이 당긴다(몹시 먹고 싶다)'라는 뜻입니다. 응용하면 요런 대화가 가능하답니다.

A: What are you in the mood for tonight? 오늘 저녁 뭐가 당기니?
B: I'm in the mood for chinese food~ 난 중국 음식이 당긴다~

여기서 be in the mood for~는 '~할 기분이다', '~하고 싶다'라는 뜻입니다. 비슷한 표현으로는 feel like ~ing가 있습니다.

I feel like watching TV. TV 보고 싶어.
I don't feel like eating. 먹을 기분이 아냐.

02 YOUNGCHUL ENGLISH

인터내셔널 휴먼 네트워크 만드는 법

적극적으로 '상황 거미줄'을 쳐라

잠시 책 읽기를 멈추고 휴대전화에 저장된 명단을 확인해보자. 만약 외국인이 단 한 명도 없다면 영어 공부에 올인 하지 않고 있음이 확실하다. 공부에 미쳐 있을 때는 지나가는 외국인과도 대화하고 싶어 안달 나는 게 정상. 내가 알기로 이보영 선생님도 외국인과 대화하기 위해 전화번호부를 보고 외국인에게 장난 전화를 걸었던 '전과'가 있다.

나 역시 상습 전과자다. 나는 전화보다는 메일로 수다를 떠는 것을 좋아한다. 현재 이메일을 주고받는 외국인 친구는 대략 ××명. 이들 중에는 친구를 통해 소개받은 이도 있지만 우연히 만나 친구가 된 이들이 더 많다. 이렇게 되기까지는 시행착오도 있었지만 나는 기본적으로 나와 눈이 마주친 외국인은 잠정적인 영어 친구라 생각했다.

　영어를 빨리 배우는 방법은 네이티브 스피커와 자주 대화하는 것. 밤새 혼자 '열공'하는 것보다 네이티브와 대화를 나누는 것이 영어를 배우는 데 더 효과적임은 누구나 아는 사실일 터.

　네이티브 스피커와의 자연스러운 대화를 위해 나는 여러 가지 시도를 했다. 처음에는 학원 복도를 서성거리는 일부터 시작했다. 수업을 마치고 나오는 외국인 강사들과 자연스럽게 마주쳐서 인사를 나눌 기회를 갖기 위해서였다. 행여 누가 눈치 챌까 하는 염려도 없지 않았지만 그 방법 외에는 자연스럽게 영어를 사용할 기회가 없었던 때였다. 길 가다가 외국인이 보이면 일부러 어깨를 부딪쳐 "I'm sorry. 미안합니다.", "Are you all right? 괜찮으세요?" 등의 대화를 시도한 적도 있다. 마침 가수 (심)태윤이와 함께 길을 걸어가고 있었는데 눈치 빠른 태윤이가 내 의도를 알아채고 면박을 주기도 했다. 하지만 나는 이런 유치한 행동을 계속했고 그 방법도 점점 자연스러워졌다.

이런 식으로 나에게는 외국인 친구들이 하나 둘 생겼는데, 막상 친구가 생기고 나니 이제 또 다른 고민을 하게 되었다. 그들과 대화를 계속해나가야 하는데 나의 영어 실력으로는 역부족이었던 것이다. 그래서 의도와는 달리 실수도 많이 했다. 이 자리를 빌려 꼭 사과하고픈 친구가 중국계 미국인인 B군이다. 내가 B군을 처음 만난 것은 2001년 9월, 9·11 테러가 있은 지 얼마 지나지 않아서였다. 여럿이 모이는 자리에 뒤늦게 합석했던 B군은 그 후로 가끔 내게 전화해 만나기를 원했다. 문제는 그가 내 영어 실력을 제대로 파악하지 못했다는 것. 약간의 알코올 기운과 든든한 흑기사가 있을 때와 그렇지 않은 때는 크게 다르다는 것을 그가 알 리 없었던 것이다. 단둘이 만나는 일이 거북했던 나는 세 번 통화하면 한 번 만나는 정도로 그와의 관계를 유지했다.

단둘이 처음 만났을 때 나는 영어를 잘하지 못한다고 분명히 밝혔지만 그는 내 수준이 어느 정도인지 잘 모르는 듯했다. 만나서도 나는 주로 이야기를 듣는 편이었지만 그것도 고역이었다. 또 그와 만날 때는 왜 그리 CNN 뉴스 속보가 자주 나오는지, 전혀 알아들을 수 없는 내용을 보면서 내 속은 타들어갔다.

'아, 영어 공부도 좋지만 그만 만나야겠다. 너무 힘들어. 흑흑'

그러다 결국 내가 사고를 치고야 말았다.

하루는 신사동에서 친구들을 만나고 있는데 B군에게 전화가 걸려왔다. B군은 나와 아주 가까운 데서 혼자 술을 마시던 중이라 합석하길 원했다. 그런데 나는 어설프게 친구들 핑계를 대며 얄짤없이 'No'라고 대답하고야 말았다.

"No. My friends said no because we don't speak English. 안 돼요, 여기 다들 영어 안 된다고, 오지 말라고 하네."

그때 내가 전화로 한 말은 대충 이러했다. 지금 생각하면 창피한 일이지만 그때는 그를 만나 못 알아듣는 말을 알아들으려 애쓰는 것을 피하고 싶은 마음에 'Sorry'라는 말을 먼저 할 겨를조차 없었던 듯하다. 그 후로 그에게서 다시는 전화가 걸려오지 않았다.

갈 사람은 가고, 올 사람은 반드시 오게 만드는 힘, 오픈 마인드

이러저러한 시행착오 끝에 나는 외국인을 만나면 못 알아듣는 것을 창피해하지 않게 되었다. 그리고 먼저 내 영어 실력을 알리고 천천히 말해달라는 주문을 하든가 못 알아듣는 경우 다시 한 번 물으며 진실된 대화를 이끌어나갔다. 그들도 사람이므로 진실은 통한다는 생각을 한 것이다. 물론 이런 나를 배려해준 이도 있고 답답해서 멀리 도망간 이도 있지만 그러면서 친구는 남고 그냥 외국인은 나를 떠나게 되었다.

그 결과 이제는 한국인 친구 만나듯 그들을 대하게 되었다. 또한 외국인을 만나면 변함없이 대화하려 노력하고 있다. 수다 떨기 좋아하는 나에게 새로운 사람을 만나는 일은 여전히 즐겁다. 최근 내가 개발한 코스는 울산행 비행기 안. 처음엔 몰랐는데 어느 날 비행기 안을 둘러보고 의외로 탑승객 중에 외국인이 많다는 사실을 알게 되

외국인과의 수다 비결 1순위는 바로 '오픈 마인드'!

었다. 생각해보니 울산은 원자력발전소가 있어 외국인들 왕래가 잦은 편이었다. 그 순간 머릿속에 떠오른 생각이 바로 좌석을 배정받을 때 가능하면 외국인 옆자리로 달라고 살짝 말해 대화를 나누자는 것. 그렇다고 무조건 옆 자리에 앉은 이와 대화를 나누는 것은 아니다. 가볍게 인사를 한 후 대화가 이어지지 않으면 나 역시 《코리아헤럴드》로 눈을 돌린다. 하지만 상대가 반갑게 인사를 하며 이것저것 물어보면 즐겁게 대화를 이어나간다.

최근에 새로 사귄 외국인 친구도 국제원자력기구에서 일하는 일본인으로 오스트리아 빈에서 근무하며 가끔 고리원자력발전소로 출장 오는 친구다. 그 친구와는 정말 우연히 옆 자리에 앉게 되었는데 내가 먼저 가볍게 인사를 건네자 그는 울산에 대해, 한국에 대해 여러 가지를 물었고 울산에 도착할 때쯤에는 한국 출장을 오면 일이 끝난 후 너무 심심하다는 이야기까지 나눌 정도로 친해졌다. 울산에 도착한 우리는 그냥 헤어지기 아쉬워 커피숍에서 계속 이야기를 나누었다. 그리고 그가 먼저 한국에 오면 다시 만나고 싶다며 이메일과 전화번호를 알려주었고 나 역시 흔쾌히 동의해 가끔 이메일을 주고받으며 소식을 전하고 있다.

멀든 가깝든 이메일로 교제한다

내가 한 번 만난 외국인과 친구가 되어 이메일을 주고받는다는 말을 하면 깜짝 놀라는 이들이 있다. 그들의 궁금증은 대부분 똑같다. 도대체 무슨 말을 나누느냐는 것. 자신들은 한 번 만난 이와 친구가 되기도 어렵지만 설사 친구가 된다 해도 관계를 유지할 자신이 없다는 것이다.

사실 나라고 해서 별 뾰족한 수가 있는 것은 아니다. 공통의 관심사가 있는 것도 아니고 거창한 주제를 가지고 메일을 주고받을 실력도 아니므로 그저 안부를

영철이와 도시가 주고받은 간단한 안부 이메일

To Kim-san

How have you been? I am back from Japan and started working again. I hope you had a good time in Kyushu, Hakata and everywhere else you went. My next trip to Gyeongju will be in September. Let's meet, and drink good wine with blue cheese!
Wish you a very nice weekend!!!
Best regards.

김상에게
잘 지내요? 저는 일본에서 돌아와 다시 일을 시작했답니다. 영철님이 큐슈, 하카다 등등의 일본에서 좋은 시간을 가졌길 바라요. 다음 여행은 9월에 경주로 갈 예정이에요. 그때 만나 블루 치즈와 함께 와인을 마셔요!
주말 잘 보내요!!!
그럼.

To Toshi

What have you been up to? I thought you had died. Kekeke I hope to see you soon. I'm looking forward to seeing you in September. I'm really busy these days. How is your business going? I hope you are doing well.
Have a great weekend....
Take care.

도시에게
어디 갔다 온 거예요? 나는 당신이 죽은 줄 알았어요. ㅋㅋ 저도 곧 만나길 바라요. 9월에 만나길 학수고대할게요. 저는 요즘 아주 바빠요. 일은 어떻게 되어가나요? 잘되길 바라요.
주말 잘 보내고….
잘 지내요.

묻고, 근황을 이야기하는 것이 전부다. 다만 나는 진심으로 안부를 묻고 답할 뿐이다.

앞의 메일은 비행기 안에서 만난 일본인 친구와 주고받은 이메일 중 하나. 다른 친구들과의 메일도 이와 크게 다르지 않다.

이런 나를 보고 사람들은 말한다. "참, 오지랖이 넓다"고. 나도 인정하는 바다. 요즘 나의 바람이 전 세계 모든 사람들과 허심탄회한 수다를 떨어보는 것이니까.

내가 외국인 친구들 이야기를 하면 꼭 이렇게 반문하는 이가 있을 것이다.

"저는 외국인을 만날 기회조차 없다고요."

하지만 이 글을 읽고도 그런 말을 하는 이는 없으리라 생각한다. 적어도 나처럼 길거리에서 일부러 어깨를 부딪치며 말을 걸어본 이는 거의 없을 터이므로. 감나무 밑에서 감이 떨어지길 입만 벌리고 기다리는 사람들에게 기회란 '우연'으로 다가오기 마련이다. 그러나 기회는 만들고자 끊임없이 노력하는 사람에게 '필연'으로 찾아오는 것 같다. 환경 탓, 능력 탓하기보다는 현재 상황을 개선할 수 있는 나의 행동은 무엇인지 생각해보고 실천하자. 영어 친구는 물론 서울 한복판에서도 영어 환경을 스스로 만들 수 있다고 생각한다.

영친영어
Best 13

We are on the same wavelength.
이심전심이야.

혹시 '얼음!' 놀이 기억하시나요? 우연히 동시에 같은 말을 했을 때 상대방을 꼬집으면서 "얼음!" 하고 외치는 놀이. 어릴 적엔 몰랐는데 아마 '서로 마음이 통했다'라는 것을 확인하는 의미의 세레모니인 듯합니다.

바로 그렇게 서로 마음이 통할 때, 흔히 텔레파시가 통했다고 하지만 영어로는 텔레파시가 아니라 wavelength, 곧 파장이 같다는 의미에서 이렇게 표현합니다.

We are on the same wavelength.

이와 비슷한 표현으로는,

You read my mind. 제 마음을 읽으셨군요. / 저랑 생각이 같네요.
We have great chemistry together. 우리는 서로 공통점이 있어요.

이 표현은 꼭 기억해두셨다가 마음이 통하는 사람을 만났을 때 사용해보세요. 공감대가 두 배로 늘어날 겁니다.

03 YOUNGCHUL ENGLISH

Thank you, 영어 1촌들

아이작 형과의 주거니 받거니 랭귀지 익스체인지 language exchange

　내 주변엔 다양한 영어 1촌이 존재한다. 말 그대로 영어 1촌은 아주 가까운 영어 친구. 영어로 대화를 나누는 친구일 수도 있고 영어 공부법에 대해 도움을 주고받는 친구일 수도 있으며, 아니면 영어를 잘해 그냥 옆에 있는 것만으로도 든든한 친구일 수도 있다. 사실 내 영어 1촌들은 대부분 내게 일방적으로 도움을 주는 친구들이다. 그들이 있었기에 나는 영어와 점점 친해질 수 있었고 그들과 더불어 조금씩 발전할 수 있었다. 공부를 하다 보면 누구나 만나게 되는 영어 1촌. 지금부터 나의 특별한 영어 1촌들을 소개하고자 한다.

　많은 영어 1촌 중 내가 가장 자랑스럽게 생각하는 1촌 중의 1촌이 바로 EBS에서 활약 중인 아이작이다. 사실 그는 1촌이라기보다는 멘토에 가까울 정도로 실력이 뛰어난 고수. 그러면서도 나와 언어 궁합(?)이 맞아 1촌으로 지내게 된

언제나 든든한 힘이 되어주는 아이작 형

사이다.

    첫 만남에서부터 아이작은 여러모로 나를 놀라게 했다.

    "영철, 다리 떨지 마요. 복 나가요."

    "뜨아~~"

    그의 한국말 실력은 내가 놀랄 정도로 능숙했다. 게다가 그는 유머 감각도 풍부해 그와 만나면 항상 웃음이 끊이지 않았고 그에게는 불타는 학구열까지 있었다. 어딜 가나 한국어 노트를 들고 다니며 메모하는 모습을 보면서 언어를 떠나 '참 닮고 싶은 형'이라는 생각이 저절로 들곤 했다.

그래서 그와 만나면 언어에 대해 이야기하느라 정신이 없었다.

    "영철, '먹다'라는 단어는 정말 다양하게 쓰여요. 그렇죠?"

    "네. 밥을 먹다, 나이 먹다, 음… 근철이 형, 또 뭐 있지?"

    그러면 옆에서 묵묵히 우리 둘의 대화를 듣고 있던 이근철 선생님이 점잖게 한마디 거들었다.

    "화장이 잘 먹다도 있지."

아이작과의 만남은 항상 이런 식이었다. 한참 재미있게 이야기를 나누다가도 '세 살 버릇 여든까지 간다'라는 말의 유래에 대해 묻거나 어휘 변형에 대해 진지하게 묻곤 했다. 그러면 나는 잘 모르는 것은 집에 가서 연구를 해서라도 답변했다. 반대로 내가 질문하면 아이작 역시 최선을 다해 답변해주었다. 그러다 보니 우리는 형, 동생 하면서 자연스럽게 언어 교환을 하는 사이가 되었다. 물론 항상 도움을 받는 쪽은 나였다. 아이작은 버클리대 영문학과 출신인 데다 연세대학교

대학원에서 동아시아학을 공부할 정도로 영어와 한국어 실력이 뛰어난 케이스. 때문에 형은 내가 뭘 물으면 한국말의 뉘앙스를 정확히 이해해 적절한 답변을 해주었다. 특히 도움을 많이 받은 것은 〈정오의 희망곡〉 '영철영어'.

가령 "'밤새 잠 못 자고 뒤척였어'가 영어로 뭐예요?"라는 질문을 받으면 나는 우선 'I couldn't sleep last night.'를 기본으로 다양한 표현을 찾은 다음 조금 헷갈리는 표현은 아이작에게 조언을 구했다. 그러면 아이작은 너무도 친절하게 답변을 해준다.

"음, 그렇게 말하는 것도 맞지만 보통 'I was tossing and turning last night.'라고 표현해."

'영철영어'가 그 어떤 난관에도 끄덕하지 않고 지금까지 유지되는 데는 아이작의 공이 매우 크다고 할 수 있다.

글로벌 감각을 키워준 유정

모 영어 학원 강사인 유정에게 수업을 받아본 적은 없다. 학원 강사 이전에 아는 동생의 소개로 처음 알게 되어 커피를 좋아하는 인연으로 친해진 사이이기 때문이다. 내 기억에 유정은 내가 가장 많은 질문을 한 친구임에도 내게 "왜 그걸 몰라?"라고 되물은 적이 단 한 번도 없다. 뭘 물어도 "오빠, 그건 말야" 하면서 가르쳐주는 그녀는 그저 옆에만 있어도 든든한 1촌. ^^b

유정과 더욱 가까워지게 된 계기는 학원 강사인 그녀에게 학원생으로서 조언을 구하면서부터다. 학원 사정을 잘 아는 그녀는 강의 선택 요령부터 학원 강사들이 싫어하는 학생 스타일, 강사들이 좋아하는 질문법 등등 유용한 팁을 많이 알려주었다.

또 유정과 마야 선생님이 친하게 되면서 외국인 친구들과의 파티에도 함께 참석했는데 유정은 외국 친구와의 대화에서 내가 어려워할 때마다 흑기사처럼 나타나 도와주었다. 그리고 다음번에 둘이 만날 기회가 있으면 지난번 파티 때 내가 잘못 표현했던 문장을 정정해주는 센스도 잊지 않았다.

"오빠, 외국 친구와 만났을 때 이야기할 수 있는 에피소드를 오빠만의 문장으로 미리 만들어봐. 그러면 많은 도움이 될 거야. 문장으로 만들다 잘 안 될 때는 말해, 내가 도와줄게."

이렇게 해서 유정의 도움을 받아가며 나는 외국 친구들과 자연스럽게 어울리는 법을 익힐 수 있었다. 그것이 얼마나 나에게 큰 도움이었는지 아마 유정이는 모를 것이다.

아이작, 유정, 늘 나에게 격려를 아끼지 않는 스테파니 등 부족한 나를 채워주는 나의 영어 1촌들이 있었기에 나는 좌절하지 않을 수 있었다.

영어 1촌. 공부를 하면서 힘든 고비를 함께 넘을 수 있는 좋은 동료다. 여러분도 돈독한 영어 1촌이 마치 ××월드 1촌처럼 늘어나서 든든하게 공부할 수 있길 바란다.

There is no way out!
나갈 문이 없다! / 사면초가야!

송은이 누나와 북한산을 오를 때입니다. 등반 초보였던 저는 산 중턱에 이르러 숨이 턱 막혔더랬지요. 그러자 누나 왈~ "영철아, 여기서 내려갈래? ㅎㅎ 빼도 박도 못하겠지?"라며 놀렸습니다. 그러고는 제게 물었습니다. "근데, 빼도 박도 못하다가 영어로 뭐야?" 그 순간 머릿속이 깜깜해지면서 ABC조차도 생각 안 나는 진짜 빼도 박도 못하는 상황이 발생했지요. 잠깐만을 연발하다…한 40여 초가 지나서 식은땀을 흘리며 겨우 대답했답니다.

There is no way out. 비상구가 없어. / 사면초가야.

확 와 닿지 않는다는 누나의 대답에 긴장하며 응용 표현을 찾아보았답니다.

I am totally stuck. 완전히 갇혔어. / 꽉 막혔어.

차가 막힐 때도 stick의 수동 표현인 stuck을 씁니다.

I got stuck in traffic. 차가 막혀서 꼼짝달싹 못했다.

04 YOUNGCHUL ENGLISH

내 생활에 영어를 '흐르게' 하는 아이디어

내 알람은 전화 영어, 자장가는 영어 뉴스

독한 마음으로 영어 공부를 하면서 결심한 것 중 하나가 따로 시간 내어 공부한다고 법석 떨지 말고 생활 속에 영어를 흐르게 하자는 것이었다. 그런 취지로 처음 생각해낸 것이 일어나면서 전화 영어로 공부하기와 MP3로 영어 뉴스 또는 오디오북을 들으며 잠들기였다.

전화 영어를 생각해낸 것은 단순한 이유였다. 내가 가장 꺼리던 일 중 하나가 바로 외국인과의 전화 통화. 눈에 보이지 않는 상대방과 이야기할 때면 내 영어 실력은 2분의 1로 확 줄어들곤 했다. 눈빛, 입 모양, 얼굴 표정 등, 전신 영어에 익숙한 나는 부족한 실력을 눈치로 보충해야 하는데 전화 영어는 바로 눈치가 통하지 않는 것이다. 전화 대신 내가 즐겨 쓰는 방법은 문자 메시지. 하지만 살다 보면 문자 메시지가 통하지 않는 상황도 있기 마련. 그때마다 나는 엄청난 스트

레스를 받으며 나부터 목소리를 높이고 말을 천천히 하게 되었다.

영철 : Hello, Maya. He~ll~o 안녕, 마야. 안~녕~

Where do you want to meet? 우리 어디에서 만날까?

마야 : ^&^%$%&& (← 분명히 영어이건만 나에겐 이렇게 들렸다. ㅜㅜㅜ)

영철 : What? 뭐라고?

마야 : &^%$$&@*

영철 : Oh~ Starbucks! Across from school? Okay.
아~ 스타벅스! 학원 맞은편 별다방? 좋아.

What time? 몇 시가 좋아?

마야 : &^%# (← 미안, 마야. 너도 답답하지? 나도 답답해. -_ㅜ::)

영철 : Pardon? 다시 말해줄래?

전화 영어 울렁증이 심한 내가 치유법과 학습법으로 선택한 방법이 바로 전화 영어로 하루를 시작하는 것이다.(전화 영어 울렁증 비상약이 될 표현은 부록 232쪽을 참고하세요~) 전화 영어가 좋은 공부법인지 아닌지는 나 역시 확신할 수 없다. 다만 나는 영어로 전화를 하는 일에 익숙해져야 할 과제가 있었고 가장 좋은 방법이 전화 영어라는 생각에 시작하게 되었다.

일상에서 규칙적으로, 꾸준히!

내가 정한 전화 영어 시간은 오전 7시 20분. 보통 밤늦게까지 촬영하고 늦게 귀가하는 나에게는 자연스럽게 웨이크업 콜 wake-up call 이 되었다.

비몽사몽간에 일어나서 전화를 받으면 수화기 너머로 "Hello, Young-

chul~"을 외치는 선생님의 한껏 고양된 목소리는 그야말로 잠을 확~ 깨우는 알람시계. 아침 시간에 잘 일어나지 못하는 나에게는 안성맞춤이었다.

   하루의 시작을 영어로 시작하는 것은 의외로 여러 가지 효과가 있었다. 때로 준비되지 않은 상황에서 전화를 받게 되는데, 의도하지 않았지만 그런 기회는 나에게 긍정적으로 작용했다. 항상 긴장하다가 무방비 상태에서 영어를 맞이하는 일이 무척 신선했을 뿐만 아니라 영어가 더 자연스럽게 느껴지게 된 것이다. 물론 무방비 상태보다는 미리 일어나서 정신 차리고 교재 내용을 한 번 훑어본 후 수업을 듣는 것이 훨씬 효과적이지만 가끔은 이런 여유를 즐길 수 있기에 시간대를 옮기지 않고 유지하고 있다.

   아직 내 귀와 입은 전화 영어에 완전히 익숙하지는 못한 상황. 하지만 매달 발음, 스피킹, 이해 능력, 리스닝 등 분야별로 평가를 받아보면 조금씩 발전하고 있는 것만은 확실하다. 전화 영어를 통해 내가 느낀 것은 이 세상에 좋은 공부 방법과 나쁜 공부 방법은 없다는 사실. 다만 자신에게 맞는 공부법과 맞지 않는 공부법이 있을 뿐이다.

다음으로 영어를 들으며 잠을 청하는 방법은 좀처럼 쉽게 잠이 들지 않는 나를 위한 자장가이자 수면제다. 내가 잠자리에 누워 눈을 감은 후 잠이 들기까지 걸리는 시간은 30분 정도. 그 30분을 좀 더 알차게 써보자는 생각에 나는 이어폰을 끼고 MP3를 듣게 되었다. '정신이 맑지 않은 가수면 상태에서 얼마나 학습 효과가 있을까?'라고 반문할 이도 있을 것이다. 하지만 자리에 누워 낮에 듣던 짧은 뉴스나 오디오북을 반복해서 들으면 초반에는 귀에 쏙쏙 들어온다. 또한 시간이 지날수록 졸음이 밀려와 잠 못 이루는 밤은 수면제로도 효과적이다.

나의 경우는 전화 영어와 잠들기 전 영어 뉴스 듣기였지만 이 외에도 출퇴근 시간 영어 방송 듣기, 주말 아침 학원 수강 등 일상에서 규칙적으로 꾸준히 영어를 '흐르게' 할 수 있는 방법은 다양하다. 자신의 생활 패턴에 맞는 방법을 찾아 당장 실천해보자. '벼락치기 영어', '요요 영어' 증후군도 막고 꾸준히 영어 공부를 할 수 있는 힘이 될 것이다.

He's a natural brown-noser!
그는 아부에 천부적인 소질이 있어!

여러분 주변에 아부에 천부적인 소질을 가진 사람이 한 명 정도는 꼭 있을 겁니다. '상대의 엉덩이에 코를 가져다 대면서 굽실거릴 만큼' 아부를 떤다는 의미에서 brown-noser라고 표현한답니다. 흠흠, 다소 위험한 표현이니 차마 눈뜨고 볼 수 없을 때 한 번 사용해보세요.
비슷한 표현 응용 들어가볼까요?

He's a natural brown-noser. 그는 타고난 아부쟁이야.
He's good at flattering. 그는 아부에 능숙해.
He's a smooth operator. 그는 아첨하는 말을 잘해. / 그는 말이 착착 감겨.

여기서 잠깐! 이렇게 '~에 천부적인 소질을 갖고 있어!', '타고났어!'라고 표현하고 싶을 때 natural이라는 단어를 사용한답니다. 자, 그럼 다시 응용 들어갑니다.

He's a natural comedian. 그는 타고난 코미디언이야.
She's a natural CEO. 그녀는 타고난 최고 경영자야.

05 YOUNGCHUL ENGLISH

여행은 즐거워~~

할 말은 다 해보는 '체험, 영어 여행!'

영어와 친해진 후 일어난 변화 중 하나가 해외여행이 즐거워졌다는 점이다. 그것도 아주 몹시. 같은 도시에 가서 같은 박물관을 가더라도 영어를 못할 때와 웬만큼 할 때의 차이는 매우 컸다. 먼저 식당에서 내가 먹고 싶은 음식을 주문할 수 있게 되었다는 것. 그게 뭐가 중요하냐고 반문하는 이가 있다면 아마도 여행 경험이 많지 않거나 영어를 제법 잘해 주문의 고통을 경험하지 못했기 때문이다.

다음은 그 고통을 대변해주는 일화로 미국 패스트푸드점에서 일어난 일이다. 너무 목이 말랐던 여행자가 패스트푸드점을 발견하고 신이 나서 들어가 외쳤다.

여행자 : **Can I have a coke?** 콜라 주세요.
종업원 : **What size?** 어떤 사이즈로 드릴까요?

여행자 : **Large, please.** 제일 큰 것으로 주세요.
종업원 : **Sorry?** 네?

심하게 목이 탔던 여행자는 'large'에 힘을 주며 또박또박 주문을 다시 했다. 그런데 안타깝게도 종업원은 계속해서 "Sorry?"를 외치는 것이었다. 당황한 여행자는 'large'의 'l' 발음에 신경 쓰며 대답하기도 하고, 'r' 발음에 신경 쓰며 대답해보기도 했지만 돌아오는 것은 "Sorry?"뿐이었다.
결국 여행자는 라아쥐, 롸아쥐, 루아~쥐를 반복하다가 이렇게 외쳤다.

여행자 : **Two small ones, please!** 작은 거 두 개 주세요!

들리는 소문에 따르면 너무도 목이 말랐던 탓에 작은 컵으로는 부족할 것 같아 "엘, 에이, 알, 쥐, 이" 하며 스펠링을 외치려던 찰나에 옆 사람이 스몰 사이즈를 주문하는 소리를 듣고 순간 '스몰 사이즈 두 개'가 떠올랐다고 한다.

영어권 나라를 여행하면서 영어를 사용하는 것은 비단 먹는 일에만 영향을 미치는 것이 아니다. 내 경우는 때로 언어가 여행에서 무엇을 얼마큼 얻어오느냐를 좌지우지할 정도로 비중이 컸다.

영어 공부를 시작하고 난 후 다녀온 여행 중 가장 기억에 남는 여행은 2007년 7월 혼자서 미국에 갔을 때다. 기회가 닿을 때마다 탈출을 꿈꿔왔지만 나 역시 일에 매인 몸이라 항상 스케줄에 걸려 '다음'으로 미룬 것이 여러 차례. 그러다 올 7월 갑작스럽게 휴가가 주어져 혼자서 미국행을 감행했다. 미국에는 서너 차례 가본 적이 있지만 혼자서 여행 삼아 간 것은 처음인 상황. 그동안은 근철 샘처럼 내가 믿고 의지할 수 있는 여행 파트너와 함께이거나 현지 가이드가 동행하는 경우가 대부분이었다.

'이번 기회에 내 영어 실력을 검증해보자!'

여행지로 애틀랜타, 멤피스, 신시내티 등 뉴욕과 같은 관광지가 아니라 시골 마을 분위기가 풍기는 곳을 선택한 것은 그곳에 친구 또는 선배가 살고 있었기 때문이다. 한마디로 이번 여행의 목적은 보는 여행이 아니라 '영어 공부에 도움이 되는 체험 여행'이었다. 여행 코스 중 관광지라 할 수 있는 곳은 돌아올 때 비행기를 타기로 되어 있는 애틀랜타. 애틀랜타의 해 질녘 풍경이 아름답다는 이야기를 듣고 특별히 내가 정한 아웃 코스였다.

내가 혼자서 미국 여행을 간다고 했을 때 주변 반응은 대체로 비슷했다.

나를 사이에 놓고 자기들끼리 주고받는 말인즉, 주로 이러했다.

"영철이가 혼자 가도 될까?"

"뭐 어때서. 영철이가 영어를 못해? 아니면…."

"아니면??"

"영어는 좀 하지만 딴 게 안 된다 아이가. 하하하~"

그래도 나는 꿋꿋하게 여행 준비를 했다. 친구와 선배들에게 메일을 보내 일정을 확인하고 애틀랜타, 신시내티, 멤피스에서 나 혼자 들를 만한 곳과 식당을 꼼꼼히 챙겼다. 결론부터 말하자면 그 여행에서 나는 열흘이란 짧은 기간 동안 '신밧드의 모험'보다 더 다이내믹하고 즐거운 '영철이의 모험'을 경험하고 돌아왔다.

영어 공부에 도움 되는 여행이 되게 하려고 나름의 원칙도 세웠다.

영철이의 영어 여행 원칙

첫째, 아는 길도 물어라.
둘째, 가이드북은 밤에만. 낮에는 무조건 주변 사람들과의 대화를 통해 해결하자.
셋째, 옆 사람과 대화를 시도하라.
넷째, 대화가 시작되면 무조건 뱉어라. 가능한 한 할 수 있는 말을 다 동원해서 대화를 이어가자. 왜냐하면 여행은 학원이 아니므로 내 부족한 영어를 기다려줄 사람은 없다.
다섯째, 광고 또는 주변 시설물을 활용해 화제를 만들자.

열흘간의 여행에서 나는 앞으로 3년 이상 이야기해도 모자랄 수많은 에피소드를 얻어올 정도로 즐거운 시간을 보냈다.

좌충우돌 영철이의 미국 여행 에피소드 하나, 'Act your Wage.'

애틀랜타 공항에 내리자마자 눈에 띈 것이 양복 입은 남자가 울고 있고 그 옆에 알파벳 W가 유난히 돋보이는 광고 간판이었다. 자세히 들여다보니 'Act your age. 나이에 맞게 행동해.'라는 말을 이용해 만든 카피 문구로 단어 'age' 앞에 'W'가 붙어 있는 것이었다.

Act your Wage.

'월급에 맞게 행동해' 또는 '분수에 맞게 살아야지'라는 뜻으로 울고 있는 남자는 아마도 월급보다 더 많은 돈을 쓴 듯했다.

너무도 재치 있는 광고 문구라 나는 머릿속에 잘 저장해두었다가 애틀랜타 선배에게 물었다. 그러자 선배는 애틀랜타에서만 볼 수 있는 광고라며 어떻게 그런 걸 다 봤냐며 오히려 놀래는 것이 아닌가! 그 후 나는 미국 여행에서 만난 친구들에게 이 이야기를 들려줬다. 선배 말대로 다른 지역의 미국인들은 'Act your Wage.'라는 광고를 몰라 내가 만들어낸 말장난으로 생각하고 무척 재미있어 했으며, 내가 광고라는 말을 하면 처음 들어봤다며 더욱 즐거워했다. 여행 내내 나는 여러 버전으로 'Act your Wage.'라는 말이 들어가는 유머를 만들어냈고, 그 덕분에 낯선 미국인과 자연스럽게 친해질 수 있었다.

이 밖에 마지막 밤을 보낸 시카고에서는 'Let's face it. 그냥 받아들이자.'이라는 문구를 자주 볼 수 있었는데, 차가 잠깐 선 틈을 타 문구를 읽어보니 이런 의미가 포함

애틀랜타 '스톤 마운틴 파크'에서. 거대한 바위에 남부 측 남북 전쟁 영웅인 장군 세 명의 말 달리는 모습이 보이시나요? 우리도 영어로 '말' 달려요~

돼 있었다.

'겨울철 시카고는 공사도 많고 차도 많아 도로가 매우 막히는데, 그래도 어쩌 겠느냐? 현실을 받아들이자.'

이 표현도 참 재미있었는데 시카고는 여행 마지막 날 밤에 도착했기 때문에 이 문구를 사용할 기회가 없어 무척 아쉬웠다.

에피소드 둘, "My girl friend is Ben and Jerry's."

애틀랜타 여행 초반에 나는 계속 영어에 어려움을 겪어야만 했다. 애틀랜타에 사는 선배 말에 따르면 애틀랜타는 표준 영어 standard English 가 아닌 사투리 영어 dialect English 를 쓰기 때문에 타지에 사는 미국인도 처음 얼마간은 주의 깊게 들어야 의사소통이 가능하다고 했다. 따라서 나는 완전히 집중하지 않으면 좀처럼 알아들을 수 없었다. 아니, 알아듣는 것도 문제지만 그들이 내 영어를 알아주지 않았다.

단적인 예가 차를 주차하려고 주차장에 갔을 때 내가 "Should I pay in advance? 요금을 선불로 내야 하나요?"라고 물어도 그들은 "Sorry?"만 반복했다. 처음 한두 번은 내가 잘못 말했나 하는 생각에 아주 천천히 "Should / I / pay / in advance?"라고 반복했지만 그들은 내 말을 알아듣지 못했다. 나중에 안 사실인데, 내가 아주 천천히 말했을 때는 무슨 뜻인지는 알지만 발음이 정확하지 않기 때문에 그들은 못 알아듣는 척한 것이었다. 그런 행동은 동양인을 무시하는 듯해 나도 오기가 생겨 일부러 더 또박또박 물어봐 결국 "Yes."라는 말을 듣고서야 돈을 낸 적도 있다. 그런 일로 속이 상하던 차에 아주 기분 좋은 경험을 하게 되었는데, 그 일등공신이 '벤 앤 제리스 Ben & Jerry's 아이스크림'이었다.

나는 이번 여행에서 난생처음 벤 앤 제리스 아이스크림을 먹어봤다. 벤 앤 제리스 아이스크림 하면 기억나는 영화가 〈브리짓 존스의 일기〉. 르네 젤 위거가 자신은 '벤'과 '제리'라는 이름의 두 남자와 동시에 사귄다며 벤 앤 제리스 아이스크림을 먹고 늘어난 몸무게와 싱글 신세를 유머스럽게 한탄하는 장면이 참 인상적이었다.

잊지 못할 영어 추억을 선사한 벤 앤 제리스 아이스크림 가게

그래서인지 나는 벤 앤 제리스 아이스크림 가게를 발견하고 너무 반가워 아이스크림을 사서 맛나게 먹으며 선배와 함께 농구 경기를 보기 위해 농구장으로 갔다. 그런데 그날따라 매일같이 열리던 농구 경기가 없었다.

허탕치고 돌아오는데, 흑인 아주머니가 나에게 물었다.

흑인 아주머니 : **Oh, is Ben & Jerry's still open?** 오, 벤 앤 제리스가 아직도 문을 열었나요?

영철 : **It sure is. I've just bought this.** 그럼요. 저도 방금 샀는걸요.

흑인 아주머니 : **I better get over there right away.** 빨리 가서 사 먹어야겠어요.

영철 : **Do you like Ben & Jerry's?** 벤 앤 제리스 (아이스크림) 좋아하세요?

흑인 아주머니 : **Of Course. I lo~ve it. What about you?**
당연하지. 너무너무 좋아해요. 당신은?

그 말에 나는 〈브리짓 존스의 일기〉를 떠올리며 말했다.

영철: **My girl friend is Ben & Jerry's.** 내 여자 친구는 벤 앤 제리스예요.

이 말 한마디로 그녀와 나는 아주 유쾌하게 웃으며 헤어졌다.

'벤'과 '제리'는 모두 남자 이름이라 여자 친구가 될 수 없다고 우긴다면 어쩔 수 없지만 어디 가나 눈치 유머는 통하는 법. 가끔 옆구리가 시릴 때 나 역시 브리짓 존스처럼 벤 앤 제리스 아이스크림이 생각날 듯하다.

에피소드 셋, 시카고의 잠 못 이루는 밤

이번 여행에서 시카고에 머문 기간은 단 하루. 그것도 저녁 무렵 도착해 새벽같이 일어나 비행기를 타야 하는 일정이었다. 그런데도 시카고는 이번 여행의 최고 하이라이트를 장식했을 뿐만 아니라 잊지 못할 추억을 선사해주었다.

시카고에 도착한 후 내가 감동한 것은 넓은 호숫가와 호수를 배경으로 펼쳐지는 석양. 나는 무언가에 홀린 듯 호숫가를 따라 걸으며 석양으로 물든 시카고를 즐겼고, 그러다 호수 근처에 있는 카페에 들어가게 되었다. 나는 그곳에서 와인 한 병을 마시는 동안 10여 명의 현지인과 재미있는 이야기를 나누며 즐거운 시간을 보낼 수 있었다.

그때만큼은 나 역시 영어를 공부한다는 마음이 아니라 여행지에서 만난 친구들과 즐겁게 논다는 느낌이었는데, 그들 중에는 내 또래뿐만 아니라 노부부도 있었다. 중요한 것은 그들 모두 내 말을 무척 재미있게 들어줬다는 점. 물론 우리가 나눈 대화는 거창하지 않았다. 다만 나는 영어에 얽매이지 않고 아주 즐겁게 나의 미국 여정을 이야기했다. 물론 중간 중간 'Act your Wage.'류의 이야기를 넣어 가능한 한 재미있게 대화를 이어갔다. 그들 역시 시카고에서 자신들이 사는 이야기를 자연스럽게 들려줘 여행지에서 처음으로 살아가는 이야기를 편안한 마음으로 나눌 수 있었다.

그래서인지 헤어지기 전에 그들은 나의 시카고 친구가 되겠다며 이메일을 알려줬을 뿐만 아니라 나를 위해 코미디 쇼를 하는 카페까지 알려주었다. 그 자리에서 직접 전화해 전화번호와 정확한 가게 이름을 알려주는 그들의 정성에 나는 그들과 헤어진 후 피곤한 몸을 이끌고 또 다른 카페를 찾아가 코미디 쇼를 즐겼다.

국적을 떠나, 언어를 떠나 하나가 된 그 느낌. 시카고에서의 마지막 밤은 나에게 영어에 대한 자신감과 더불어 진심으로 대화를 나눌 때는 말이 아니라 마음으로 통한다는 것을 가르쳐준 아주 귀중한 시간이었다.

에피소드 넷, 과연 영어의 끝은 어디인가?

마지막으로 이번 미국 여행은 영어 공부에 대한 강한 자극을 받은 의미 있는 여행이었다. 깨달음으로 이끌어준 친구는 바로 존슨앤존스 본사head office에 근무하는 나의 친구. 그 친구 덕에 나는 존슨앤존스 사무실을 방문해 함께 일하는 동료를 소개받고 일하는 모습을 살펴보는 영광을 누릴 수 있었다.

외국인 회사에 취업한 친구는 토익 성적도 우수할 뿐만 아니라 회화 실력도 네이티브에 가까웠다. 그런데도 친구는 일주일에 두 시간씩 회사에서 지원해준 선생님과 영어 공부를 하고 있었다. 또한 친구는 어려서부터 미국에서 생활하지 않았기 때문에 모를 수밖에 없는 단어와 문장이 있다는 걸 인정하고 미국인과 대화할 때는 항상 메모지를 준비해 모르는 말이 나오면 무조건 적어서 외우곤 했다. 그뿐이 아니었다. 친구와 함께 일하는 동료는 친구의 질문에 올바른 대답을 하기 위해 사전이 필수 아이템이 되었다고 한다. 동료가 사전을 찾아가며 대답해

줘야 할 정도로 친구는 많은 질문을 했다는 뜻이다.

친구를 보며 나는 언어를 배우는 데는 끝이 없다는 사실을 깨달았다. 더불어 미국 회사에 근무하며 영어로 문서를 작성하고, 영어로 상대방을 설득하는 친구가 배움에 게으름이 없는 모습을 보고 많은 반성을 했다.

이 밖에도 이번 미국 여행에서는 신시내티의 한 대학에서 만난 아리따운 처자, 신시내티 광장에서 공연을 함께 보며 이야기꽃을 피운 아리따운 처자보다 더 아리따운 처자 등등 혼자서 좌충우돌 부딪치며 참 많은 친구를 사귀었다. 그들과 나눈 이야기도 내가 한국에서 외국인 친구들과 자주 나누던 할리우드 연예인들 이야기가 아니었다. 그들의 생활, 나의 생활 그리고 꿈 등 처음 만난 사이지만 여행자와 현지인이라는 이유로 참 많은 이야기를 나누었다.

그 결과 나는 '할 수 있다!'라는 자신감과 '더 열심히 하자'라는 즐거운 각오를 다지고 돌아올 수 있었다.

여행은 지식 위주의 고체 영어가 아닌, 세상과 소통하는 방편으로서의 영어에 대한 필요성을 다시 한 번 느끼게 해줄 뿐만 아니라 리스닝과 회화 실력을 파격적으로 늘릴 수 있는 절호의 기회다. 여행에서 돌아온 후 나는 이렇게 외친다.

"열심히 공부한 당신 떠나라! 만나라! 소통하라!"

영어권 나라를 혼자 여행하는 것만큼 자신의 영어 실력을 되돌아보기에 좋은 기회는 없기 때문이다.(떠나기 전에 부록 234~236쪽에서 유용한 표현 퍼가세요~)

영철영어
Best 16

Buy one, get one free~
하나 사면, 덤으로 하나 더 드려요~

Buy one, get one free! 하나 사면, 덤으로 하나 더 드려요!
Two for the price of one! 한 개 가격에 두 개 드려요!

'물건을 사면 덤으로 하나 더 준다'는 이 표현은 미국 슈퍼나 백화점에서 흔히 볼 수 있는 문구입니다. 우리나라에서는 '원 플러스 원'이라는 표현을 많이 쓰죠. 처음 미국에서 이 문구를 보고 와서 '영철영어'에서 소개했었는데, 이번 미국 여행에서 더 놀라운 걸 발견했습니다.

Buy one get four free! 하나 사면 네 개가 공짜!

'무려 네 개가 공짜라면 거저라는 말인데…'라는 생각과 동시에 '그렇다면 정말 싸다, 거저다는 영어로 뭐지?'라는 의문이 들더군요. 그래서 찾아봤습니다.

What a steal!

steal은 '훔치다', '뺏다'라는 뜻으로 농구에서 가로채기를 steal이라고도 합니다. 훔치는 것과 같을 정도, 곧 '매우 싸다'는 뜻이겠죠? What a deal!도 같은 뜻으로 쓰입니다.

06 YOUNGCHUL ENGLISH

익숙한 곳에서 발견하는 '새로운 영어 길'

교회에서도 영어를~

 일상생활에 영어를 흐르게 하자는 생각을 하고 나니 참으로 많은 것이 새롭게 보였다. 그중 하나가 바로 교회다. 교회에서 어떻게 영어 공부를 하느냐고? 나 역시 몇 년 동안 그렇게 생각했다. 하지만 뜻이 있는 곳에 길이 있다는 말처럼 아주 우연한 기회에 교회는 내 생활 영어의 공간이 되었다.

 예배가 끝난 후 주보의 교회 소식란을 살펴보는데, 교회 외국인 사역 팀이 미8군으로 야유회를 간다는 소식이 눈에 들어왔다. 외국인 사역 팀? 내가 다니는 교회가 이촌동에 자리하고 있어 외국인 신도가 많은 것은 알고 있었지만 외국인 사역 팀이 어떻게 운영되는지는 알지 못한 나는 사무를 보는 이에게 자세히 물어보았다. 그랬더니 외국인 사역 팀은 3~4부 외국인 예배 때 목사님 말씀을 영어로 통역해주는 이들의 모임으로 1년에 두 차례씩 미8군으로 야유회를 가고 있으며 올해 날짜가 잡혀 소식을 전하게 된 것이라고 했다. 외국인 신도 대부분이 미8군에 근무하기 때문인 듯했다. 내가 관심을 보이자 사무원은 웃으면서 물었다.

"영철 씨도 영어 잘하신다고 들었는데, 한번 참석해보시겠어요?"

"아뇨, 전 아직 그 수준은 못 돼요."

영어 성경 공부 흔적. 감명 깊은 구절은 노트에 적어 외우곤 한다.

그렇게 말하고 나서 나는 이왕 교회에서 자원봉사 volunteer service 를 한다면 성가대보다는 내 장기를 살려 영어로 하고 싶다는 생각에 3~4부 예배를 들어보았다. 그리고 예배 내내 '역시 나는 안 되겠구나'라는 생각을 할 수밖에 없었다. 자원봉사를 하는 분은 거의 동시통역 수준이었던 것이다. 그렇게 포기하고 있었는데 그다음 주 교회에 가니 목사님이 외국인 사역 팀 야유회에 함께 가자고 제안하셨다. 그렇게 해서 나는 야유회에 참석하게 되었고 외국인 신도들과 자연스럽게 대화를 나누다가 결국에는 그 자리에서 영어 성경 공부 팀 모임이 만들어져 나도 참여하는 것으로 그날의 모임이 마무리되었다.

일이 그렇게까지 진척된 데는 목사님의 역할이 컸다. 내 영어의 특징 중 하나가 변죽 영어, 그러니까 누가 옆에서 잘한다고 하면 더욱더 신이 나는 영어인데, 그날따라 목사님이 내 칭찬을 하며 내 입에 날개를 달아주셨다.

"영철 씨, 영어 잘하잖아요. 영어 한번 해봐요. 나도 '영철영어' 팬이라니까요."

영철이의 마음을 다스리는 성경 영어

영어 성경을 읽다가 내 마음을 흔드는 구절이 있으면 적고 외우고 다시 써보곤 한다. 내가 믿는 종교 경전의 명구절, 존경하고 신뢰하는 사람들의 격언 등 내 삶의 신조가 될 만한 글들을 영어로 되새겨보자. 영어 표현도 자연스럽게 알게 되고 마음도 다스리고 일석이조다.

Your beginnings will seem humble, so prosperous will your future be. - Old Testament Job 8:7
네 시작은 미약하였으나 그 끝은 창대하리라. - 구약 욥기 8:7

Therefore do not worry about tomorrow, for tomorrow will worry about itself. Each day has enough trouble of its own. - Matthew 6:34
그러므로 내일 일을 위해 염려하지 마라. 내일 일은 내일 염려할 것이요. 한 날 괴로움은 그날 족하리라. - 마태복음 6:34

Rise and Shine! - Isaiah 60:1-3
일어나라 빛을 발하라! - 이사야 60:1-3

All you have is mine, and all I have is yours. - John 17:10
너의 것은 다 내 것이요, 내 것은 다 네 것이니라. - 요한복음 17:10

난 그냥 활용해보고 싶다.

All you have is mine, and all I have is also mine.
네 거는 다 내 거고, 내 거도 다 내 거야.

평상시 근엄한 모습을 보이던 목사님 입에서 "영어 한번 해봐요"라는 말이 나오자 주변은 웃음바다가 되었고 나는 너무도 순진한 목사님의 말씀에 어색한 분위기를 뚫고 자연스럽게 사람들과 대화를 나눌 수 있었다. 그리고 결국 통역 팀 준멤버가 되어 성경 공부까지 함께 하게 된 것은 물론 일요일에는 동시통역 예배를 통해 교회에서도 영어를 접하게 되었다.

노력만큼 보이는 길

　이 일을 통해 나는 또 하나의 목표를 세웠다. 그것은 바로 동시통역사가 되는 것. 출발은 교회지만 더 나아가 동시통역 실력을 인정받을 수 있는 무언가에 도전할 계획이다. 그리고 내가 새삼 깨달은 사실은 하고자 한다면 영어를 사용할 곳은 얼마든지 있다는 것이다. 나 역시 교회에서까지 영어를 하게 될 줄은 꿈에도 생각하지 못했기 때문이다.

혹 이 글을 읽으며 '그래서? 나더러 교회에 나가라고?'라는 생각에 언짢은 마음이 들었다면 부디 오해를 풀길 바란다. 단지 자신의 생활공간에서 영어 학습의 장으로 활용할 만한 곳을 찾는 데 작은 팁이 되길 바랄 뿐이다. 불교 신자라면 불교 모임에서 불경을 영어로 공부할 수도 있으며 또 종교가 없음에도 영어 공부의 방편으로 영어 성경을 읽는 이가 있는 것처럼 말이다. 왜냐하면 인생은 '만큼'이니까. 내가 베푼 만큼 사랑받는 것이 우리 인생이듯 영어 공부도 노력하는 만큼 길이 보이고, 노력한 만큼 결과가 나온다.

Best 17

My home is your home!
네 집이다 생각하고 편하게 있어!

My home(= house) is your home(= house)!
Make yourself at home!
Make yourself comfortable!

집에 손님을 초대해서 편히 있으라고 권할 때 쓸 수 있는 표현입니다. 한 번 배운 표현은 어떻게 해서든 생활에서 써먹는 저는 집에 손님을 초대할 일이 없어 입에 좀이 쑤실 지경이었습니다. 그러던 어느 날 영어 선생님 집에 초대받았는데, 선생님이 정신이 없어서 저에게 먼저 이 얘길 꺼내지 않는 것이었습니다. 그래서 제가 먼저 말했죠. 물론 상황에 맞춰 살짝 응용 들어가는 센스도 발휘했습니다.

"Your house is my house!"

그랬더니 선생님이 웃겨 죽으려 하더군요. 그래서 그다음부터는 외국인 친구 집에 초대받으면 제가 먼저 이 말을 쓰곤 합니다. 잊지 마세요. 한 번 배운 표현은 외울 때까지! 한 번 웃긴 표현은 계속 웃을 때까지!

Boys will be boys!

라디오 '영철영어'에서 소개한 표현으로, '애들은 애들이지', '애들이 그렇지 뭐'라는 뜻이다.
이 표현을 말할 땐 꼭 하고 넘어가야 할 이야기가 있다. 이야기의 일등 공신은 바로 전 매니저 유군. 방송을 위해 영어 표현을 준비하면서 유군에게 모니터를 많이 했었다. 유군에게 "이 표현 어려워?"라고 묻고 그 반응을 보면 초급용인지 중급용인지 알 수 있었기 때문이다. (고마워요 유군~ ^^)
그날도 유군에게 물었다.
"오늘 배운 표현 어떻던?"
"예, 괜안았심더."
그런데 유군 반응이 왠지 평소와 달라 보였다.
"오늘 배운 표현이 뭔데?"
그랬더니 유군은 더듬더듬 이렇게 말했다.

"Boys... will... be boys...."

무언가 심상치 않은 분위기를 눈치 챈 나는 재빨리 물었다.

"What does that mean?"

그러니까 유군 왈.
"아 형님, 참. 내… 내 아이가 네 아이다 아닙니까?"
"!!!"
그날 유군은 이전에 배운 표현인 My house is your house.와 Boys will be boys.가 헷갈렸던 것. '내 집이 네 집이다(내 집이라 생각하고 편하게 있어)'와 '애들은 애들이지'가 뒤섞여 '내 아이가 네 아이다'가 된 것. 평범할 수 있는 표현을 휴머니즘적이면서도 묘한 표현으로 바꾼 유군의 센스에 오래도록 웃었던 기억이 난다. ㅎㅎㅎ

영철이의 라이프스타일에서 찾아보는 자투리 영어

본디 공부란 것이 학습 분위기 조성되면 갑자기 하기 싫어지는 법. 특히나 직장 생활하며 공부한다는 것이 마음처럼 쉬운 일은 아니다. 그러므로 생활 계획표에 "×~×시까지 영어 공부"라고 정해놓는 것보다 짬날 때마다 습관적으로, 일상적으로 영어를 만나는 것이 중요하다. '영철영어' 시절, 자투리 활용 영어 스케줄은 다음과 같다.

오전 7시 20분. 전화 영어로 기상
'아침에 일어나서 공부해야지'라는 결심이 매번 수포로 돌아가는 이라면 전화 영어를 알람시계로 활용해보세요. 눈 뜨자마자 영어의 세계로! 영어를 생활화하는 데 아주 좋아요. 별 3개.

오전 9시. 케이블 TV 보면서 or 들으면서 아침 식사
당연히 영어 방송이겠죠? 한국 TV 보듯 약간은 무심하게, 보거나 듣거나~~

오전 9시 30분. 화장실에서 잡지 소리 내어 읽기
화장실에 메모지와 볼펜을 준비해놓고 모르는 단어는 휴대전화 영어 사전을 이용해 찾아봅니다. 찾은 단어는 메모지에 적어 화장실 벽에 붙여놓으면 틈틈이 보고 외우기 좋아요.

오전 10시. 학원 오가는 길에 잡지 또는 신문 읽기
'취미생활의 10퍼센트는 영어로 해결하라'는 말 기억하시죠? 버스 안에서는 영어로 취미생활을 즐겨요.

오전 11시. 영어 이메일 체크 & 영어 카페 활동
짧은 편지라도 이메일은 영작에 큰 도움이 됩니다. 주변 사람들에게 자주자주 안부를 전하자고요. 영어로~

오전 11시 20분. 방송국으로 이동하면서 MP3로 EBS 중급 회화 리스닝
그냥 듣기보다는 열심히 받아 적는 것 잊지 말기. 리스닝은 귀로만 하는 것이 아니라 손도 함께 바쁠 때 더욱 효과가 난답니다.

낮 12시
'영철영어' 방송. 영어로 수다 떠는 시간~

낮 12시 30분
'영철영어' 수업 준비&게시판 확인

오후 1시
가끔씩 외국인 친구들과 점심 식사

오후 1시 30분 언저리~새벽 근무 시간
요때가 중요합니다. 저 같은 경우엔 녹화 도중 기다리는 시간이 많아 이 시간을 활용하려 애씁니다. 기다리는 시간이 한 시간 이내일 때는 조용한 곳을 찾아 잡지를 보거나 MP3로 영어를 들어요. 하지만 한 시간 이상 시간이 나면 카페를 찾아 학원 예습, 복습을 하거나 영어 책을 읽어요. 그래서 항상 큰 배낭에 학원 교재, 읽기 책을 넣어 다닌답니다. 고 3때보다 가방이 더 무거운 것 같아요. ㅎㅎ;

새벽 ×시 무렵 퇴근
MP3로 영어 뉴스 들으면서 취침.

01 영어 소시민 최고의 달란트, '노력'

02 영어는 '외국인'이 아니라 '선생님'께 배우세요~

03 학원에서는 '스타'가 되자

04 그분이 오셨어요. 슬럼프 건너뛰기

대한민국 영어 학습자들이라면 누구나 한 번쯤 시도하는 영어 공부법 1순위, '학원 수강'. 그러나 작심 1주라는 마의 고비를 넘기는 사람들은 많지 않다. 3년간 강남 학원가에서 다리품 팔아 해외 연수 부럽지 않게 영어 공부한 '영철이식 학원 정복 프로젝트' 개봉 박두!

PART 04

생활 영어습관 Project 2
학원 공부 작심 1주의 한계를 웃으면서 뛰어넘는 법

YOUNGCHUL ENGLISH

01 YOUNGCHUL ENGLISH

영어 소시민 최고의 달란트, '노력'

선천적 재능 vs 후천적 다리품 팔기

　지금은 고인이 되신 행복학 강사 최윤희 선생님은 엔도르핀이 풍부한 분이셨다. 내가 진행하던 라디오 프로그램에 선생님이 고정 출연한 적이 있는데, 선생님이 오는 날은 스튜디오에 활기가 넘쳤다. 선생님과 이야기를 나누다 보면 어느새 '행복하다', '할 수 있다'라는 긍정적인 생각을 하게 돼 분위기가 업되기 때문이다. 그날도 그랬다. 얼굴에 미소를 가득 머금고 나타난 선생님이 예의 그 느릿한 말투로 하시는 말씀.

　"영철 씨, 요즘 내 강의에 빠지지 않고 등장하는 사람이 영철 씨야. 왠 줄 알아요? 내 강의 주제가 '행복학'이니까 행복한 사람들 이야기를 많이 하는데, 요즘 내 눈에 영철 씨가 제일 행복해 보이거든. 종로에서 다리품 팔아 공부해서 대학 강사까지 됐으니 얼마나 좋아. 그뿐인가? 라디오에서 전 국민한테 영어 가르치잖

아. 열심히 노력해서 제2의 인생을 찾은 김영철. 이게 요즘 내 강의 주제라니깐."

"어휴, 감사합니다, 선생님."

요기까지면 좋았을 텐데, 그 순간에도 나의 소심증은 여지없이 발휘되었다.

"근데요, 선생님. 저 종로가 아니라 강남에 있는 학원 다녔어요. 앞으로는 강남에서 다리품 팔았다고 해주세요~"

"그래? 종로가 더 짠하지 않아? 왠지 강남은 다리품이랑 안 어울리네. 하하~"

"그럼 제가 학원을 종로로 옮길까요?"

"어머, 그러면 되겠다. 하하하~"

거침없이 솔직해서 개그맨도 웃기는 센스를 갖고 계신 선생님과의 대화는 즐거울 뿐만 아니라 내게 큰 힘이 되었다. 왜냐하면 선생님은 내가 영어를 잘한다는 사실보다 그렇게 되기까지의 '노력'을 소중히 여기시는 분이었기 때문이다. 더 열심히 노력하라는 충고도 선생님 '답게' 해주었다.

"영철 씨는 (장)동건 씨처럼 잘생긴 사람과는 DNA부터가 달라. 동건 씨랑 비교하면 영철 씨는 행복해지기 어려우니 영철 씨는 지금처럼 영철 씨의 길을 가."

장동건 씨와 내가 다른 '과'라는 사실은 나도 이미 아는 터. 그런데 희한하게 같은 이야기도 선생님께 들으면 느낌이 달랐다. 마치 몇 년째 죽어라 영어 공부를 하는 내 앞에 어느 날 외국에서 태어나 영어를 유창하게 하는 친구가 나타나, 괜히 혼자 마음이 상해 허탈해하는 나를 보듬어주는 것 같다고나 할까.

'영철아, 어학연수 했거나 외국에서 태어난 이들과 널 비교하지 마. 넌 그 사람들이랑 경우가 달라. 넌 노력해서 된 거잖아. 그게 얼마나 값져?'

영어 공부를 시작할 때 나 또한 내게 주어진 유일한 달란트는 '노력'이라는 생각을 했다. '노력' 외에 믿을 것이 없었기 때문이다.

'욕심내지 말고 기본에 충실하자!'

'작심 일주일'의 한계를 극복하는 영철이식 학원 수강 프로젝트

당시 내가 생각한 기본은 학원 수업에 빠지지 않는 것이었다. 2003년 당시 내 하루 일과는 꽤 빡빡했다.

아침 7시 30분부터 10시 30분까지 영어 학원 수업.

수업이 끝나면 학원이나 근처 카페에서 복습과 숙제를 하고 학원 선생님이나 친구들과 점심. 오후 1시 이후부터 녹화.

방송 일은 근무 시간이 규칙적이지 않고 밤샘 작업이 많은 것이 특징. 오전 시간에 영어와 관련된 일을 끝내놓지 않으면 결국 그날 할 일을 미루게 되었고 하루 이틀 미루다 보면 포기하게 되기 십상이었다. 그래서 새벽에 녹화가 끝난 날도 아침 7시 30분 수업을 들으려고 새벽 6시 30분이면 집 밖을 나섰고, 술을 마신 날도 졸린 눈을 비벼가며 숙제를 하고 잠자리에 들었다. 잠의 유혹을 이겨내는 것이 그 당시 내 영어 공부의 가장 큰 어려움이었다.

약해질 때마다 휴대전화에 'No pain, No gain.'이라 써놓고 나를 격려했고 내 안에 존재하는 또 다른 '게으른' 나와 싸움하며 견뎌냈다. 고맙게도 영어를 비롯한 어학 공부는 매우 정직한 노동이었다. 딱! 자신이 노력한 만큼 성과가 나타나기 때문이다. 이 얼마나 멋진 일인가? 열심히 노력하는 자에게 이보다 더 좋은 경쟁 조건은 없을 것이다.

동료들도 큰 힘이 되어주었다.

녹화를 하다 보면 짬짬이 졸기 마련인데 그럴 때 반응이 예전 같으면 "뭐야, 김영철. 어제 또 술 마셨어?"였다면, 영어 공부를 시작한 후에는 많이 부드러워졌다.

"요즘 공부하느라 힘든가 보네."

이 얼마나 아름다운 모습인가? 마치 한 편의 박카스 광고 같은 말 한마디에 나는 다시 힘을 얻곤 했다.

학원 수강을 포기하지 않기 위해 노력도 많이 했다.

첫째, '아침형 인간'으로의 체질개선 프로젝트

밤샘 작업이 많은 연예인이어서가 아니라 원래부터 나는 아침잠이 많다. 어려서부터 알람 소리를 잘 듣지 못해 어머니나 누나가 깨워야 지각을 면할 수 있었다. 그래서 영어 학원도 처음에는 저녁 수업을 들었다. 수업을 마치고 난 후 외국인 친구들과의 가벼운 술자리도 나에게는 큰 즐거움이었다. 하지만 한두 달 시간이 흐르자 내 인간관계가 서서히 끊겨나가고 있었다.

"나 학원 가야 해."

친구들과의 모임에 나는 항상 이런 이유를 대고 참석하지 못했기 때문이다. 그렇게 한두 명씩 연락이 끊기고 동료 개그맨들과의 만남도 불가능해지자 '앗, 이러다간 친구 관계뿐만 아니라 개그맨 본업에도 문제가 생기겠다'라는 위기의식이 들었다.

'공부를 하려면 부지런해야 하는구나.'

다음 달부터 나는 과감히 아침반 수업으로 바꾸고 체질개선 프로젝트에 들어갔다. 원래 저녁형 인간이 아침형 인간으로 바뀌는 데 걸리는 시간은 약 6개월. 반면 다시 저녁형 인간으로 되돌아가는 데는 단 반나절이면 된다고 한다. 6개월을 단축하기 위해 처음 한동안은 저녁에 녹화가 끝나면 무조건 집으로 들어가 영어 책을 보면서 잠들었다. 나에게 책만큼 수면제 역할을 하는 것이 없었다. 흠흠….

그리고 만나는 사람마다 영어 학원에 다닌다고 소문을 냈다. 그러면 다음에 만났을 때 "아직도 영어 학원 다니니?"라는 물음에 당당하게 대답하기 위해서라도 더 부지런해질 것을 기대하면서 말이다.

특히 힘들었던 계절은 겨울이었다. 내가 체질개선을 결심한 것이 마침 초겨울이라 새벽녘 칼바람을 뚫고 학원에 가다 보면 '내가 무슨 영화를 누리겠다고 이렇게 고생할까?'라는 생각이 절로 들었다. 물론 매서운 겨울바람에 잠은 확실히 깬다는 장점은 있었다.^^;

내가 아침형 인간으로 바뀌는 데 걸린 시간은 3개월 정도. 명심하자. 30년 넘게 저녁형 인간으로 살았던 사람도 마음먹고 행동한다면 단 3개월이면 체질이 개선되고, 인생이 바뀔 수도 있다. 만약 아침형 인간으로 변하고 싶은 이가 있다면 지금 당장 시작하자. 마음먹은 때가 적기다.

둘째, 숙제 사수 프로젝트

학원 강사 중에는 종종 숙제를 많이 내주는 이가 있는데 처음에는 나도 귀찮았지만 시간이 갈수록 그런 강사가 좋아졌다. 물론 숙제는 대단히 귀찮은 일. 하지만 일단, 귀찮은 일을 하고 나면 그것이 아까워서라도 학원에 빠지지 않게 되므로 일석이조의 효과가 있었다. 그뿐만 아니라 숙제 때문에 나의 하루 일과도 달라졌다. 주로 밤에 숙제를 하다 보니 한잔 술에, 달콤한 잠의 유혹에 건너뛰게 되는 날이 잦았는데, 그런 날이 참 난감했다. 나이 서른이 넘어서 숙제를 안 해왔다고 말하기도 쑥스럽고, 숙제가 있었는지 몰랐다고 말하기도 창피하고… 숙제를 하지 않은 날은 학원 가기가 두렵기까지 했다. 그래서 생각한 방법이 수업 후에 학원이나 학원 근처 카페에서 복습과 함께 숙제를 하는 것이었다. 오전에 숙제를 해놓으면 마음이 홀가분해 방송 일도 더 집중이 잘 돼 좋았다.

물론 아직도 오전에 숙제를 못 마치거나 회식 때문에 밤늦게 집에 들어오는 일도 있다. 그러면 어떻게 하느냐고? 알코올 기운에 머리가 띵해도, 졸음이 쏟아져도 웬만하면(쿨럭~) 숙제는 반드시 하고 잔다.

학원 경력이 쌓인 후에는 아주 가끔 일부러 숙제를 틀리는 유치한 장난(?)도 쳤다. 한 번 숙제를 틀린 적이 있는데 그것이 계기가 되어 강사와 더 많은 이야기를 나누게 된 후, 강사와 친해지는 노하우로 이 기술을 쓰곤 했다.

숙제 해왔다고 우쭐대며 학원에 가고, 또 일부러 틀린 답안을 제출해 관심을 유도하고… 심하게 유치하다고? 하지만 어쩌겠는가! 이렇게 유치해야 느는 게 영어인 것을.

열공 모드! 남는 시간을 활용, 카페에서 복습과 숙제 해결 중~

영철영어
Best 18

Don't let me down!
날 실망시키지 마!

팝송을 듣다 보면 유독 많이 나오는 표현입니다. 세계 어디를 가도 누구나 믿는 상대에게는 기대를 많이 하기 때문이지요. 그래서 비틀스 형님들이 'Don't let me down'이란 노래에서 이렇게 애타게 부릅니다.

Don't let me down, don't let me down. 날 실망시키지 말아줘, 날 실망시키지 말아줘.
I'm in love for the first time. 난 처음으로 사랑에 빠졌어.

애타는 형님들의 마음을 안정시키기 위해서는 반드시 '실망시키지 않을게'라고 대답해줘야 하겠죠? 그럴 때는 이렇게 말하세요.

No, I won't let you down. 아니, 실망시키지 않을게.
I'll never let you down. 결코 실망시키지 않을 거야.

'실망시키지 마(낙담시키지 마)'란 말은 let을 bring으로 바꿔 써도 표현이 가능합니다.

Don't bring me down.

끝끝내 상대방이 기대를 저버리고 나를 실망시켰다면, 냉정하게 이렇게 표현하세요.

I'm disappointed in you! 너한테 실망했어!

02 YOUNGCHUL ENGLISH

영어는 '외국인'이 아니라 '선생님'께 배우세요~

약은 약사에게 공부는 선생님에게

한류 열풍으로 연예계는 빠른 속도로 세계화하고 있다. 연예인들 사이에서 가장 눈에 띄는 변화는 이제 외국어는 필수라는 인식이 자리를 잡아가고 있다는 것. 내가 아는 연예인 중에서도 영어 공부를 하는 이가 꽤 많다. 또 소속 기획사에서 비용을 대고 스케줄에 영어 수업을 포함하는 경우도 비일비재하다.

삼삼오오 모이면 자연스럽게 이런 이야기가 오가곤 한다.

"엄××는 〈프렌즈〉를 시즌 10까지 달달 외운대."

"××아 씨 실력도 만만치 않다던데? 3년째 외국인 선생님이랑 일대일로 공부하고 있대."

"요즘 ××× 나오는 드라마 봤어? 안타깝더라. 공부 좀 하고 나오지. 뭐 믿고 그렇게 버티는 거야?"

그래서인지 요즘 들어 부쩍 영어를 공부하는 동료 연예인들에게 이런 요청을 많이 받는다.

"영철 씨, 나 영어 공부 시작하려는데 좋은 선생님 좀 소개해줘."

"뭐 특별히 원하시는 게 있어요?"

"음… 특별히 없는데 이왕이면 한국인 선생님 말고 외국인이 좋지 않을까?"

가장 난감한 경우가 바로 이런 이야기가 나올 때다. 그런데 문제는 이런 일이 상당히 자주 있다는 것이다.

연예인들뿐만 아니라 초등학교 아이를 둔 학부모 중에서도 '영어는 외국인에게 배워야 한다'고 생각하는 이들이 매우 많다. 그래서 학원 수업이나 개인 교습을 시작할 때 반드시 '외국인' 강사를 고집한다.

나는 기본적으로 영어를 반드시 외국인(특히 서양인)에게서 배워야 한다는 생각에 반대한다. 이유는 첫째, 초보적인 단계에서는 우리말을 할 줄 아는 선생님과의 수업이 효과적이라고 생각하기 때문이다. 나 역시 처음에는 교포 선생님과 수업하며 궁금한 것은 우리말로 질문하고 우리말로 설명을 들었던 것이 기본적인 문법을 이해하는 데 큰 도움이 되었다. 아무래도 문법적인 설명은 영어보다는 우리말이 훨씬 이해가 빠를 수밖에 없다. 또 하나, 말을 알아듣는다고 해도 우리말을 하지 못하는 이들이 하는 설명과 우리말을 할 줄 아는 이들이 우리말과 영어의 문법적인 차이점을 알고 설명하는 것에는 차이가 있기 마련이다.

둘째, 외국인이라고 해서 모두 영어를 잘하는 것은 아니다. 내가 만난 외국인 중에는 은어나 속어를 습관처럼 사용하는 이도 있고 기본적인 상식이 부족해 지문에 '얼리어답터_{early adopter : 신제품이 나오면 먼저 구입하여 사용해 보는 사람}' 같은 용어가 나오면 제대로 설명하지 못하는 이도 있다. 또 중학교 졸업장을 확인하고 싶을 정도로 맞춤법을 심하게 틀리는 이도 있었다. 그러므로 이들보다는 영어를 전공한 한국

선생님에게 수업을 받는 게 더 효율적이라는 것이 내 생각이다.

이럴 때 생각나는 말이 "약은 약사에게 공부는 선생님에게". 그와 마찬가지로 영어 공부는 '강사가 외국인인가'라는 데 초점을 두기보다는 '전문가라 할 수 있는 선생님께 배우고 있는가'에 초점을 맞춰야 한다는 것이 영철이의 결론이다.

제대로 배우는 학생의 자세

그렇다면 학원에서 제대로 배워가는 학생의 자세는 무엇일까? 학생과 선생님이 가장 깊이 있게 교류할 수 있는 상황인 '질문'을 예로 알아보자. 이는 내가 학생일 때는 미처 몰랐으나 대학 시간 강사로 가르치는 입장이 되었을 때, 나의 영어 1촌이자 학원 강사인 유정이 귀띔해준 의견을 정리한 것이다.

첫째, "××선생님은 이렇게 말했는데…"라고 말하지 마라. 이런 말은 강사를 불쾌하게 만들 뿐이다. 설사 다른 강사와 일치하지 않더라도 "(나는 이렇게 알고 있는데) 이것도 맞습니까?" 하고 우회하여 물어보자.

둘째, "'보수적인'이란 말이 영어로 뭐예요?"라는 식으로 묻지 마라. 학생 중에는 강사를 사전으로 생각하는 이가 종종 있다. 사전만 찾아보면 알 수 있는 질문을 하는 학생은 한마디로 간 큰 학생. 그런 질문을 받는 순간 강사는 속으로 '내가 사전인가?', '쟤는 사전도 안 찾나?'라는 생각을 하게 된다. 무조건 묻지 말자. 강사를 위해서가 아니라 당신을 위해서다.

셋째, 강사에게 샌드위치로 점심을 때우게 하지 마라. 질문에도 타이밍이 중요하다. 학원 강사들은 10분 쉬고 계속 수업을 이어가는 경우가 대부분. 때문에 수업이 끝나고 질문을 오래하면 강사는 쉬지도 못하고 바로 다음 수업에 들어가야 한다. 만약 그것이 강사의 점심시간이라면? 점심 또는 저녁 시간 언저리에 질문을 할 때는 먼저 물어보자. "식사는 하셨나요?"라고.

넷째, 공부한 흔적이 있는 질문을 하라. 학생에게 질문을 받고 최선을 다해 대답하게 되는 경우가 바로 '공부한 흔적'이 있는 질문이다. 예를 들어 'by'와 'until'이 헷갈려 질문을 한다고 했을 때, "선생님, 'by'와 'until'이 계속 헷갈려요"라고 물으면 그 학생이 구체적으로 무엇이 어떻게 헷갈리는지 알 수 없다.

"'by'를 써야 할 때를 생각해보았는데요. '엄마가 7시까지 오라고 했어요', '리포트 내일까지 내' 이 두 경우는 'by'를 써야 하지요?"

이렇게 묻는 학생은 너무 기특해 밥이라도 같이 먹으면서 가르쳐주고 싶은 마음이 샘솟는다. 질문하기 전에 항상 생각하라. 내 질문이 성의 있는 답변을 들을 수 있을 만큼 준비된 질문인지 말이다.

영철영어
Best 19

It's on the tip of my tongue.
생각이 날 듯한데 안 나네. / 혀끝에서 뱅뱅 도네.

A : Do you know who the actor is? 너 그 배우 누군지 아니?
B : His name is... hmm. I know, but I can't remember right now. It's on the tip of my tongue. 이름이… 흠. 아는데 기억이 나지 않네. 혀끝에서 뱅뱅 돈다.
A : Oh, I got it! His name is Adam Sandler. 아, 생각났다! 애덤 샌들러야.

분명 알고 있는데도 잘 생각이 나지 않고 혀끝에서 뱅뱅 도는 이 상황. 특히 영어로 말할 때 딱 서너 배가 되곤 하지요? 휴우~ 영어로 말하다 표현이 생각나지 않는다면 괴로워하지 마시고 써보세요. "It's on the tip of my tongue." 이라고 말하고 시간도 벌고 잠시 말할 내용을 준비해도 좋습니다.

비슷한 표현 응용 들어갑니다.

I can't think of it off hand. 생각이 얼른 떠오르지 않네요.

03 YOUNGCHUL ENGLISH

학원에서는 '스타'가 되자

내가 빠지면, 학원 김이 빠진다!

민병철 선생님과의 인연으로 학원에 다니기 시작하며 나는 하루에 두 시간 이상의 수업을 들었다. 저녁에서 아침으로 수업 시간대를 바꾼 후에는 열정이 넘쳐 회화 수업을 중심으로 세 시간까지 듣기도 했다. 하지만 일하는 시간이 비교적 자유로운 나에게도 세 시간 수업은 무리였다. 아침 6시 30분부터 9시 30분까지 연달아 수업을 듣기도 쉽지 않았지만 그보다 세 시간 수업을 들으려면 예습, 복습, 숙제 등등 준비해야 하는 시간도 그만큼 더 필요했다. 그럼에도 두 시간 이상을 고집한 것은 한 시간 수업을 들으려고 새벽같이 일어나는 것이 아까웠기 때문이다.

'이왕 일찍 일어나는 거 조금 더 부지런해지자.'

방송 녹화 스케줄은 일반적으로 오전 11시 이후에 잡히므로 수업을 마치고 학원 옆 카페에서 차 한 잔하면서 숙제를 마무리하면 매니저에게 전화가 걸려왔다. 매니저 전화가 나에게는 하루 스케줄이 시작되는 신호였다.

하루 두 시간씩 수업을 듣는 학생은 학원에서도 드문 일. 나는 다른 학원생에 비해 학원 스태프들과 가까이 지내고 강사들과도 더 많은 친분을 쌓을 수 있었다. 개그맨이라는 사실만으로도 눈에 띄는 마당에 학원 짬밥까지 늘어나자 나는 거의 준스태프화되어 갔고 수업 시간에는 보조 MC 역할을 맡기에 이르렀다. 그러다 보니 내가 수업에 빠지면 금세 티가 나 체면 유지를 위해서라도 출석 관리가 필요했다. 당시에는 참 불편했는데 지나고 보니 이런 관심이 있었기에 학원 수강을 포기하지 않을 수 있었던 것이다. 그 후로 강의 때마다 나는 "학원에서는 스타가 되자"라는 이야기를 자주 했다.

내 말에 '개그맨인 당신한테나 해당하는 이야기', '연예인에게 유리한 이야기'라고 반문하는 이도 있을 것이다. 하지만 연예인이기 때문에 꼭 유리한 점만 있었던 것은 아니다. 비록 대스타는 아니지만 얼굴이 알려졌기 때문에 불편한 점도 있었다.

"쟤 김영철 아냐?", "생긴 거 진짜 별로네"라고 수군거리는 소리도 한 귀로 듣고 흘려야 하는 것은 기본. 평상시는 웃으면서 넘기지만 컨디션이 좋지 않은 날은 수업이 듣기 싫어질 만큼 거슬린 날도 있었다. 그런 날에도 웃으면서 보조 MC 역할을 해야 했다.

또 행여 내 행동으로 말미암아 "그래서 연예인은 안 돼"라는 말이 나와서는 안 된다는 생각에 조심스러웠던 적도 많았다. 대표적인 것이 출석이었다.

녹화가 많아 일주일에 겨우 한 번 정도 수업에 참가하면, '그럴 줄 알았어. 연예인이 그렇지 뭐'라는 곱지 않은 시선으로 바라보는 이가 있었다.

반면 일주일에 5일 꼬박 수업을 들으면 "요즘 방송 없어요?"라는 질문을 들어

야 했다. 처음 그런 질문을 받았을 때는 정말 당황했다. 그렇다고 "아뇨, 오늘은 오전 11시부터 새벽 1시까지 꽉 차 있고…" 하면서 일일이 스케줄을 설명하는 것은 더 낯 깎이는 일.

결국 "요즘 녹화가 좀 없기는 하죠…" 하면서 웃음으로 넘겼지만 새벽녘까지 녹화를 한 후 차 안에서 잠시 눈을 붙이고 학원에 간 날 그런 이야기를 들으면 서운한 마음에 남몰래 속상해했다. 그래서 영어 공부와 개그맨으로서의 이미지 모두를 살리고자 일주일에 한 번은 결석하곤 했다. 물론 대부분 일 때문에 어쩔 수 없이 한 결석이지만 아주 가끔은 스케줄이 없는 날도 결석하는 센스(?)를 발휘하기도 했다. (warning 독자 여러분, 이런 특이 상황용 이미지 관리 센스는 절대 따라하지 마세요~)

'학원에서 스타가 되자'라는 말은 이처럼 결석을 하면 누군가 궁금해하는 정도의 관계를 유지하자는 의미다. 만약 결석했는데도 아무도 당신의 결석을 모른다면 그것은 좋은 학습 분위기가 아님이 분명하다.

관심을 받다 보면 자연스럽게 단어 하나라도 더 외우려 하는 것이 사람의 마음. '내가 빠진다고 누가 신경 쓰겠어?'라고 생각하지 말고, '내가 빠지면 큰일이지'라는 마음으로 학원 수업에 임하자. 반대로 누군가 결석하면 다음 날 "어제 무슨 일 있었어요?"라고 물어보는 센스도 중요하다. 이런 사소한 것들이 포기하고 싶은 순간, 당신을 제자리에 머물게 하는 힘이 될 것이다.

장기 수강자들을 위한 스타 되기 노하우

이 방법은 자주 사용하면 부작용이 나타날 수 있으므로, 아니 나타나므로 장기간 학원에 다니는 사람을 기준으로 한 번 정도 쓸 것을 권한다. 그것이 뭐냐 하면, 바로 자신의 수준보다 한 단계 낮은 레벨 수업 듣기다. 학원에 다녀본 이는 알겠지만 다니다 보면 자연스럽게 레벨은 올라가기 마련. 그런데도 왠지 처음 학원 수업을 들을 때는 가능한 한 레벨이 높게 나오길 간절히 바라고, 시간이 지나면 또 다른 친구들보다 좀 더 빨리 레벨을 올리고 싶은 마음이 드는 것이 사실이다. 아마도 '나보다 실력이 좋은 사람과 배워야 실력이 빨리 는다'라는 학원가의 속설 때문인 듯하다. 하지만 레벨 욕심만큼 어리석은 것은 없다. 그러므로 한 번 정도는 학원을 옮기면서 자신의 수준보다 낮은 레벨의 수업을 들어볼 것을 권한다. 뜬금없는 소리로 들릴 수도 있다. 하지만 그 효과를 알고 나면 한 번 정도 고려해볼 가치를 느낄 것이다.

효과 1. 수강생 중 실력 면에서 1인자가 될 수 있다

잘난 척하려고 학원에 다니는 것은 아니지만 반에서 실력을 인정받는 것은 공부하는 데 큰 힘이 된다. 비슷비슷한 실력을 갖춘 학생들과 공부하다가 수강생 중 자신이 가장 실력이 낫다는 평가를 받으면 공부에 탄력이 붙게 되기 때문이다. 따라서 해도 해도 실력이 늘지 않을 때, 그래서 공부에 서서히 지쳐갈 때 이 방법을 사용하면 효과를 볼 수 있다.

효과 2. 교재가 빨리빨리 넘어가는 즐거움

학원 공부는 누구에게나 벅차기 마련이다. 학원 공부 외에도 할 일은 항상 태산 같아 예습과 복습이 쉽지는 않기 때문. 가끔은 교재가 빨리빨리 넘어가는 즐거움을 맛보는 것도 필요하다. '아, 영어가 이렇게 쉽다니!'라는 생각을 하면서 한 달을 보내다 보면 정말로 영어가 만만해 보일 것이다.

효과 3. 예상되는 질문, 뻔한 답을 피해가는 여유를 즐기자

학원 강사들과 학생들 사이에는 항상 오가는 질문이 있다.
대표적인 것이 'How are you?'와 'What did you do last weekend?'.
이런 일상적인 질문에 매번 같은 대답을 하는 것도 때로는 싫증 날 때가 있다. 바로 그런 때 재치 있는 답변을 준비하는 것은 어떨까?
예를 들어 'What did you do last weekend?'라는 질문에 이렇게 대답해도 좋을 것이다.
"I had lunch in Paris yesterday. 나 어제 파리에 가서 점심 먹고 왔어."
"I saw a musical in London yesterday. 나 어제 런던에서 뮤지컬 보고 왔어."
이런 답변에 미소 대신, 그게 말이 되냐고 우겨대는 이가 있다면 그건 전적으로 그의 잘못이다. 이런 유머조차 없다면 무슨 낙으로 학원에 다니겠는가!

앞에서도 말했지만 레벨을 낮춰 수업을 듣는 것은 한 번으로 충분하다. 그것도 공부가 힘들 때. 그래서 학원에서 스타가 된다면 슬럼프도 극복하고 일석이조 아닐까?

Cut to the chase.
요점만 말해. / 쓸데없는 소리 하지 마.

Make it short.
Tell me straight.
Get to the point.

모두 '쓸데없는 소리 하지 마', '본론만 말해'라는 표현입니다. 이 밖에도 K.I.S.S. (Keep It Simple Stupid.)라는 표현이 있는데, 요건 우리끼리 종이에 쓰는 말로, 학회 연구 발표 등에서 요점 없이 말만 길게 쓸 때 비꼬듯 하는 말이랍니다.

Cut to the chase.라는 말이 나오게 된 데는 다음과 같은 사연이 있다고 합니다. 예전 미국 서부 드라마에는 추격 신이 많았다는 거 아시죠? chase는 '추격하다'란 뜻이죠. 그러니까 드라마가 별 내용 없이 추격 신만 가득해 쫓기만 하다가 끝난 데서 이 말이 유래됐다고 합니다.
'길기만 길고, 도대체 본론이 뭐야' 이런 뜻이 포함된 것이죠.

04 YOUNGCHUL ENGLISH

그분이 오셨어요.
슬럼프 건너뛰기

초대받지 않은 그분과의 상봉

영어는 삼한사온이다. 어떤 날은 어려운 발음도 잘 들리다가도 어떤 날은 정말 쉬운 문장도 떠오르지 않거나 아예 발음조차 되지 않는 날도 있다. 때로는 그 '삼한'이 너무 오래가는데 그것이 바로 슬럼프slump다. 누구나 무슨 일을 하든 오래가면 찾아오는, 초대받지 않은 그분, 슬럼프.

내가 경험한 가장 심각한 슬럼프, 그러니까 강도 8 정도의 지진이 찾아온 것은 공부를 시작한 지 1년 반 정도 지나서였다. 똑같은 학원, 매일 보는 선생님, 만날 하는 이야기인 캐나다 몬트리올 코미디 페스티벌, 블라블라….

슬슬 영어와 관련된 모든 일들이 싫증나기 시작하는 것, 슬럼프가 오기 직전 내 몸이 보내는 신호였다. 그런데도 나는 그저 '변화가 필요한데…'라고 생각하고 아무런 조치를 취하지 않았다. 결국 며칠 후 탈이 나고 말았다. 어느 날 아침 눈을 떴는데 '학원이고 뭐고…'라는 생각이 들면서 별다른 이유 없이 학원에 가지 않게 되었다. 하루, 이틀, 사흘….

영어와 친해지는 데는 참 오랜 시간이 걸렸지만 멀어지는 데는 단 하루로도 충분했다. 그렇게 한 달을 보낸 후에 비로소 정신을 차리고 다른 학원으로 옮기면서 새롭게 출발할 수 있었다. 그 후로도 가끔 진도 3~4의 슬럼프가 찾아왔고 그러면서 슬럼프를 건너뛰는 방법을 조금씩 터득하게 되었다.

영철이식 '슬럼프 허들 넘기'

첫째, 잠시 손을 놓고 학원에 가지 않는다

너무 힘들 땐 쉬는 것이 좋다. 단, 마음으로 열 번 생각해서 열 번 모두 최선을 다했다고 생각될 때 쉰다. 학원을 쉰다고 해서 영어를 쉬는 것은 아니다. 미뤄두었던 드라마나 영화를 찾아서 보고《피플》잡지는 들고 다닌다. 그것은 공부가 아니라 내 취미니까.

학원 쉬고 영화전문 사이트 www.imdb.com 에서 노는 영철^^;

둘째, 멘토를 찾아가 어리광을 부린다

사람마다 차이가 있겠지만 나는 슬럼프가 찾아오면 이상하게 영어만 싫어지는 게 아니라 영어를 말하는 사람, 그리고 나 자신까지 싫어지곤 한다. 강도 8의 슬럼프 때는 내 얼굴, 내 목소리, 심지어 내 이름까지도 불만의 대상. 그럴 때 가장 좋은 치유책은 멘토를 찾아가는 것이다.

"근철 샘~ 저 영철인데요."

아마 이제 내 목소리만 들어도 근철 선생님은 '그분이 오셨구나'라고 생각할 듯하다. 멘토의 힘은 힘들 때 가장 잘 발휘되는 것처럼 나의 멘토 이근철 선생님은 이미 나와 같은 경험을 해봤기 때문에 언제나 내가 원하는 답변을 해주었다. 한번은 알고 지내던 모든 외국인 친구들이 싫어지는 증상으로 슬럼프가 찾아온 적이 있었다.

"근철 샘, 요즘 외국인을 만나도 재미가 없어요. 정이 떨어져요. 더치페이 문화도 싫고, 쿨한 척하면서도 뒷담화 즐기는 이중성도 싫고…."

내 이야기를 다 듣고 나서 선생님은 말했다.

"언어에도 세 개의 시즌이 있어요."

선생님이 말한 세 개의 시즌은 다음과 같다.

외국어 공부의 3 시즌

시즌 1. 신혼기 : 외국인이라면 무조건 환장하는 시기. 영어를 잘하는 사람 자체가 신선하고 존경스럽다.

시즌 2. 권태기 : 외국인을 만나도 별반 감흥이 없다. 그들의 단점만 부각되어 보인다.

시즌 3. 황금기 : 외국인의 인격이나 취향 등 개인적인 성향이 보이는 시기. 품위 있는 인격, 비슷한 취향을 가진 외국인을 깊이 사귀게 된다. 문화적 차이를 인정하게 된다.

"지금 영철 씨는 권태기에 들어선 거예요. 신혼기에 비하면 힘들지만 그걸 극복하면 황금기가 올 겁니다. 황금기를 맞이하기 위한 진통이라고 긍정적으로 생각해요."

그날만큼 이근철 선생님과 같은 훌륭한 멘토를 만난 것이 행복한 적은 없었다.

셋째, 환경을 바꿔라

슬럼프는 변화가 필요하다는 신호이기도 하다. 그럴 때는 과감한 변화를 주는 것도 좋다. 학원을 바꾸어도 좋고, 학원 강의에 변화를 줘도 좋고, 리스닝 교재를 바꿔도 좋다. 환경이 바뀌면 마음가짐도 달라지므로 도움이 될 것이다. 단, 영어에서 일어 또는 중국어로 바꾸는 일은 하지 않아야 한다.

넷째, 영어로 공부하지 말고 놀아라

공부한다기보다는 영어로 놀거리, 흥밋거리가 될 만한 것을 시도하는 방법이다. 영자 신문이 한 줄도 안 읽히고 속이 울렁이는 날이라면 거두절미하고, 대화가 별로 없는 한 토막짜리 만화를 보거나 흥미 있는 광고만 보고 눈요기를 하자. 그러다 한두 줄이라도 재미있는 영어 표현을 배운다면 금상첨화. 좋아하는 팝송을 듣다가 유독 리스닝이 되지 않았던 부분은 무엇인지 찾아본다. 영어에 끌려가지 말고 내 관심사대로 영어를 굴비 엮듯이 엮어 놀이한다고 생각하자. 나의 경우 슬럼프가 왔을 때 했던 영어 놀이 중 하나가 바로 '영화 원제목 알아보기'.(부록 237쪽을 참고하세요~) 여러분의 구미에 당기는 어떤 것이든 영어로 공부가 아닌 놀이처럼 즐겨보기 바란다.

Take it the way it is.
있는 그대로 받아들여.

결과가 내 맘 같지 않을 때, 변명과 회피가 꿈틀거릴 때, 도무지 내 외모가 맘에 들지 않을 때 냉정하게 스스로에게 해야 할 말입니다. 의미심장한 말이니 비슷한 표현들 확인해봐야겠지요?

Accept it. 인정해
Take it. 받아들여

빌리 조엘 형님이 이런 우리 마음을 읽고 노래합니다. the way it is(있는 그대로)를 just the way you are(그저 당신 모습 그대로)로 살짝 바꿔 응용하면 노래 제목이 됩니다. 그럼 후렴구 몇 소절만 따서 반복 연습해보죠.

I'll take you just the way you are. 나는 당신 그대로를 받아들일 거예요.
I'll love you just the way you are. 나는 당신 그대로를 사랑할 거예요.
I want you just the way you are. 나는 당신 그대로를 원해요.

Tissue vs T-shirts

2004년 여러 명의 연예인이 촬영차 미국에 갔을 때 일이다. 당시 나는 송은이 선배와 함께 가이드가 추천해준 '인앤아웃(IN-N-OUT)' 햄버거 가게에 들렀다. 가이드 말에 따르면 인앤아웃 버거는 미국 서부 캘리포니아에서만 맛볼 수 있으며 임신 전 브리트니 스피어스가 자주 먹은 햄버거이기도 하단다. 송은이 선배와 단둘이 가게 된 이유? 다른 일행은 햄버거에 전혀 관심을 보이지 않았기 때문이다.

아무튼 우리는 무사히 매장에 도착해 야외 테이블에 앉아 햄버거와 콜라를 맛있게 먹었다. 그런데 칠칠치 못한 은이 선배가 그만 콜라를 엎지르고야 말았다.

"영철아, 가서 휴지 좀 가져와."
"왜요? 내가 왜요? 후배라고 이렇게 막 부려 먹어도 되는 거예요?"
"에이, 니가 영어를 잘~하잖아."

실랑이 끝에 결국 후배인 내가 안으로 들어갔다.

매장 안으로 들어가며 나는 Can I have a tissue?식의 정석 영어는 하지 않겠다는 깜찍한 생각을 하며 머릿속으로 상황을 그리면서 마음의 준비를 했다. 매장에 들어서자 역시 내 생각대로 점원이 나를 향해 외쳤다.

점원 : **May I help you?** 도와드릴까요?
영철 : **Can I get a tissue?** 티슈 좀 주시겠어요?
점원 : **A tissue? Oh, runny nose?** 티슈? 오, 콧물 나세요?

갑자기 웬 콧물? 점원의 말에 나는 잠시 주춤했다. 하지만 생각보다 대화가 잘 되고 있기에 티슈에 좀 더 힘을 주면서 당당하게 말을 이어갔다.

영철 : **No, I just need a tissue.** 아니요. 저는 그냥 티슈가 필요해요.

바로 요기서부터 문제가 커졌다. 티~~슈~ 발음을 너무 굴리면서 말이다.

점원 : **Oh, T-shirts.** 오, 티셔츠요?

티셔츠라고 말하며 점원은 자꾸 양손을 어깨에 올려 티셔츠를 잡는 재롱까지 펼쳤다. '으아, 미치겠다. 햄버거 가게에서 웬 티셔츠. 몰라, 몰라. 난 그저 티슈가 필요하다고.'ㅠ_ㅠ

    영철 : **No, I don't want a T-shirt....** 아니요, 제가 원하는 건 티셔츠가 아니라….

버벅대다 주변을 보니 상당히 많은 이들이 우리 대화를 관심 있게 지켜봄이 느껴졌다. 한국인의 약한 고리 중 하나가 누군가 쳐다보면 영어의 기가 확 꺾인다는 것. 바로 머릿속이 하얘지며 치솟던 용기는 온데간데없이 사라지고 자신감 없이 읊조리는 영어로 바뀌었다.

    영철 : **Um, I... no, no. A friend of mine spilt some Coke, so we need to clean the table. That's why I need a tissue.**
           음, 내가… 아니, 아니. 내 친구가 콜라를 엎질러서 테이블을 닦아야 하거든요. 그래서 티슈가 필요합니다.

나의 설명에도 점원은 한동안 티셔츠를 고집하며 나를 괴롭혔다. 나도 점원도 답답한 마음에 얼굴 표정이 일그러져 갈 즈음, 어디선가 신사 한 명이 나타났다.

    신사 : **I think he needs a napkin!** 제가 볼 땐 그분 냅킨이 필요한 것 같아요!

신사 입에서 냅킨이란 말을 듣고서야 나는 왜 내가 그 단어를 생각해내지 못했는지 깨달았다. 궁금증이 풀린 점원은 아주 밝은 표정으로 돌아와 힘차게 외쳤다.

    점원 : **Oh, a napkin. There's one over there!** 오, 냅킨. 저기 있어요!

그날 저녁 가이드한테 이야기했더니 웃으면서 하는 그의 말이, 우리는 흔히 '화장지'와 '휴지'를 같은 의미로 사용하지만 미국에서는 좀 다르단다. 톡톡 뽑아 쓰는 얇고 부드러운 질의 화장지는 티슈(tissue), 식당에서는 냅킨(napkin), 화장실에서는 페이퍼 타월(paper towel)로 알아두면 유용하다. 그리고 또 하나 티셔츠의 비밀도 밝혀졌다. 인앤아웃에서 로고 티셔츠를 판매하는데 사람들한테 매우 인기라는 것. 그래서 아마 점원은 내가 좀 심하게 발음을 굴린 티슈를 티셔츠로 알아들었던 모양이다. 아이 창피해. (Shame on me.)*^^*

어학연수를 고민 중인 그대에게

영어를 공부하다 보면 누구나 한 번 정도 어학연수를 꿈꾼다. 요즘에는 어학연수가 대학 생활의 필수 코스로 자리 잡아가는 듯한 분위기. 그래서인지 내가 어학연수를 다녀왔다고 생각하는 이들이 많다. 또 어학연수 경험이 없다고 하면 연수나 유학을 갈 계획이 있는지 되묻곤 한다. 그런 질문을 여러 차례 받으면서 영어를 마스터하는 데는 해외 경험이 필요하다고 생각하는 이들이 얼마나 많은지를 느낄 수 있었다.

하지만 내 생각은 좀 다르다. 무조건 해외로 나가면 영어 실력이 금방 늘 거로 생각하는 이들이 많은데, 실상은 그렇지 않다. 영어 학원에 다니면서 알게 된 사실이 해외 연수 후에 영어가 기억나지 않는다며 학원 수업에 열중하는 이들이 많다는 것이었다. 그런 경우는 어학연수 가기 전까지 영어와 담쌓고 지냈거나 또는 연수에서 잠시 영어와 친했다가 한국으로 돌아온 후 다시 멀어진 이들이 대부분이었다. 그런 친구들을 보면서 떠오른 단어가 '묻지 마 어학연수'다. 연수 전후 개인적인 영어 히스토리가 없는 희한한 어학연수.

만약 지금 어학연수를 고민하는 이가 있다면 먼저 자신의 영어 실력이 어느 정도인지 되돌아보라고 말하고 싶다. 그리고 요것만은 꼭 당부하고 싶다. 다음 사항 중 하나라도 해당하지 않는다면 지금 나에게 연수보다 더 시급한 것은 없는지 생각해보길 바란다.

하나, 가기 전에 귀는 뚫고 가세요
연수 가서 뚫어도 된다고요? 그거 똥배짱이십니다. 귀 뚫리자마자 바로 돌아오면 또다시 막힙니다.

둘, 기초 문법도 닦고 가세요
영어에 대한, 어학연수에 대한 기본 예의입니다. 중학교 때부터 문법 배웠는데 연수 가서도 have+pp 하면서 문법만 붙잡고 있으면 아니 되옵니다.

셋, 여행도 즐기세요
1년 예정이면 6개월은 어학원에 다니시고 6개월은 여행을 하면 어떨까요? 해외에 가서 교실 영어만 배우고 돌아올 순 없잖아요. 여행하면서 문화를 통해 배우는 영어 실력이 피가 되고 살이 될 겁니다.

넷, 다녀와서가 더 중요합니다
어학연수 갈 생각이면 죽을 때까지 영어 하겠다는 각오로 가는 게 좋겠죠?

01 speaking: 오버액션 성대모사로 연마한 스피킹

02 listening: CNN으로 리스닝하지 않았다오~

03 reading: 산만한 영철이의 맞춤 리딩

04 writing: 영작의 고뇌, 메신저와 이메일로 pass

05 grammar: 다시 시작하는 문법

06 vocabulary: 단어, 절대 무작정 외우지 마라

말하려니 입은 안 떨어지고, 읽으려니 두세 문장마다 막히고, 듣자니 아는 단어 한두 개만 스쳐 지나가고, 쓰자니 막막한가? 의지박약, 초산만, 집중력 5분 한계의 영철이가 한다면 당신도 할 수 있다! 영어 파트별로 자신의 실력과 흥미에 맞추어 재미있게 공부할 수 있는 영철이식 노하우를 살펴보자.

PART 05

Focus Study
내 특성의 주파수를 맞춰 공부하는 파트별 영어 노하우

YOUNGCHUL ENGLISH

01 YOUNGCHUL ENGLISH

speaking:
오버액션 성대모사로 연마한 스피킹

오직 '스피킹'으로 월반하다!

"영어는 또 다른 자아로 배워야 한다. 특히 스피킹은 잠시 자신을 잊고 다른 사람이 되어야 잘할 수 있다. 평상시 톤으로 한국말하듯 말하면 나의 영어를 아무도 알아듣지 못한다." - 김영철

비록 짧은 기간이지만 영어를 공부하며 터득한 나만의 진리다. 영어 공부를 하면서 여러 영역 중 가장 흥미로웠던 분야가 바로 스피킹이었다. 그럴 수밖에 없는 것이 나는 사람들과 이야기하는 것을 너무너무 좋아하는 친대화적, 친인간적 타입! 만약 전혀 말이 통하지 않는 우주인과 단둘이 무인도에 표류한다면 나는 그와 얘기를 나누기 위해 최단 시간에 외계어를 배우려 발악할 것이다. 그런 내가 외국인을 만났을 때 하고 싶은 말이 얼마나 많았는지는 굳이 설명하지 않아

도 알 수 있을 터. 나는 마음속에 담아둔 무수한 말을 나누고 싶다는 일념으로 스피킹에 주력해 학원 학생 중 스피킹 실력만큼은 고속 성장한 사례로 인정받을 수 있었다. 혹 믿지 못하겠다는 이들을 위해 좀 잘난 척을 하자면~~

한번은 모 영어 학원을 처음 수강하게 되어 레벨 테스트를 받았는데, 수업을 시작한 지 불과 한 달도 안 돼 담당 강사가 레벨을 한 단계 높이는 게 어떻겠느냐는 제안을 했다. 함께 수강하는 학생들과 실력 차이가 나 수업을 진행하는 데 애로 사항이 많다는 것이 그 이유였다. 여기서 실력 차이란 순전히 '스피킹'이었다. 강사가 말은 하지 않았지만 뉘앙스로 보아 다른 학생들과 비교해 문법이나 독해는 나을 것이 없는데 유독 말만 잘하는 모양이었다. 실제로도 수업 시간에 나는 강사와 자유롭게 대화를 나누는 반면 다른 학생들은 '더듬더듬'거리는 모습이 역력했다. 그렇게 된 이유는 단 하나, 학원 레벨 테스트에는 스피킹 영역이 없었기 때문이었다.

이 밖에 이근철 선생님도 스피킹 영역이 강점이라는 지적을 해주셨고, 오랜만에 만난 EBS 셰인 선생님은 "어머, 영철 씨! 그사이 유학 다녀온 줄 알았어요"라고 말할 정도로 실력 향상이 빠른 편이었다. (크아~)

최단 시간에 뼛속부터 회화 체질로 개선하는 스피킹 노하우

내가 생각해도 나는 비교적 단기간에 스피킹 실력이 느는 사례로 곰곰이 원인을 분석한 결과는 이렇다.

첫째, '수다'의 힘

앞에서도 말했듯이 언어를 배우는 데는 말 없는 사람보다 말 많은 사람이 확실히 유리하다. 그런 면에서 24시간 수다 떨기를 주저하지 않는 나는 아주 유리한 고지에서 출발했다고 할 수 있다. 말할 대상이 있을 때는 그(녀)와 함께 열심히 영어를, 말할 대상이 없을 때는 혼자 거울을 보면서도 영어를! 이런 신념이라면 단기간에 스피킹 실력을 연마할 수 있을 것이다.

둘째, 스피킹 노하우의 기본은 역시 오버액션!
    오버액션의 정수는 성대모사다. 흔히 성대모사 하면 목소리만 따라하는 것으로 생각하지만 그것만으로는 부족하다. 성대모사는 무엇보다 그 사람이 되어야 한다. 이때 가장 기본이 되는 첫째는 목소리와 화법. 목소리는 완전히 똑같을 수 없으므로 그 사람의 독특한 말투와 발음을 유심히 관찰한다. 상대가 비음을 섞는지 그렇지 않은지, 발음할 때 어떻게 혀를 놀리며 발음하는지 그 위치까지 생각하며 따라한다. 둘째, 말을 할 때의 얼굴 표정과 몸동작을 유심히 살펴 특이한 점을 찾아내야 한다. 표정과 몸동작을 관찰한 결과 여러 가지 특징이 발견되었더라도 그중 한 가지를 포인트로 잡아 집중적으로 공략하는 것이 중요하다. 또 동작 모사는 모사하려고 하는 대상보다 한 단계 더 오버해야 더욱 효과적이다. 셋째, 목소리와 동작이 자연스럽게 조화를 이루도록 반복 또 반복한다.

    이 세 가지만 잘한다면 완벽하게 똑같지는 않지만 누구를 흉내 내는지 확실해지는데, 이것이 바로 성대모사의 포인트다. 완전히 똑같지는 않지만 백만 인이 이해할 수 있는 성대모사.

"I don't know what to say!" 영철이는 타이라 뱅크스 성대모사 중~

예를 들어 장미희 씨는 샤우팅이 아니라 안으로 들어 담는 화법, 김희애 씨도 발음은 아주 정확한 편이지만 톡 쏘는 게 아니라 안으로 넣는 쪽에 가깝다. 하춘화 선생님은 무엇보다 큰 눈이 특징. 이렇게 한 가지 포인트를 확실히 찾아내 그 부분을 집중 공략하는 것이 성대모사의 성공 비법이다.

  이것을 스피킹에 적용하면 실력도 빨리 늘 뿐만 아니라 공부하는 과정도 한층 재미있다. 내가 한때 푹 빠졌던 성대모사 대상은 〈오프라 윈프리 쇼〉의 진행자 오프라 윈프리와 〈도전 슈퍼모델〉의 진행자 타이라 뱅크스다. 두 사람은 말이 빠르긴 하지만 발음이 비교적 분명해서 스피킹 훈련에 좋은 소재가 되었다. 오프라 윈프리 여사님께 물려받은 것은 할리우드 스타들의 이름 발음법. 우리가 익히 잘 알고 있지만 외국인과 대화할 때 전혀 통하지 않는 대표적인 발음이 할리우드 스타들의 이름과 영화 제목 같은 아주 기본적인 내용이다. 예를 들어 귀네스 팰트로는 '구이네스 팰트로', 알리샤 키스는 '앨리샤 키스', 조니 뎁은 '좌니 뎁'으로 발음하지 않으면 절대 통하지 않는다. 이렇게 TV 토크쇼를 통해 쉽고 간단한 것부터 교정하면서 미국인이 쓰는 영어를 배워나가는 게 내 공부 방법이었다.

성대모사 영어가 제대로 자리 잡기 전에는 부작용도 있었다. 영어를 공부하는 과정에서 쉽게 하는 실수가 모든 단어를 무조건 굴리는 것인데, 나는 유독 심했다. r/l, b/v, p/f 등 미묘한 차이를 구분하지 못했으므로 'l' 발음도 'r' 발음처럼 혀를 굴려 'learn'도 'run'처럼 발음했고, 'pineapple'도 'fineapple'로 발음했다. 학원 선생님에게 매번 지적당하면서도 이 버릇은 한동안 고쳐지지 않아 아주 심할 때는 한국말조차 발음을 굴려 빈축을 산 적도 있었다.

한번은 모 쇼 프로그램 녹화 때 내가 자꾸 '일파만파'를 일fa만fa로 발음하자 유재석 형이 너무 재미있어 하며 이렇게 충고하기도 했다.

"영철아, 영어 학원 다니지 말고 표준어 먼저 배워. 종로에 가면 표준어 가르쳐주는 곳 있다더라."

재석이 형은 이렇게 유머로 넘어갔지만 아마 그날 나의 모습을 보고 속으로 꼴불견이라고 생각한 이들이 많았을 것이다. 이 자리를 빌려 그 무렵 내가 한국 발음을 굴린 것은 절대 의도한 것이 아니라(ㅠ_ㅠ) 나조차도 제어할 수 없는, '영어 학습 부작용'이었다는 사실을 꼭꼭 밝히고 싶다. 박찬호 선수도 부쩍 혀가 짧아져 네티즌 사이에서 공방이 많았는데, 나는 미국 생활에 더 빨리 적응하고자 영어 공부에 매진한 결과라는 분석에 공감했다. 영어 공부에 미치다 보면 그 부작용으로 한국 발음이 샐 수도 있다는 걸 몸소 경험했기 때문이다.

TV를 통해 익히는 성대모사의 장점은 스피킹의 중요 요소인 발음뿐만 아니라 억양을 동시에 파악할 수 있다는 것. 문장의 리듬을 타는 데 도움을 준 이는

〈도전 슈퍼모델〉의 타이라 뱅크스였다. 카리스마 넘치는 그녀의 말투는 맺고 끊음이 분명하고 억양이 독특해 따라하기 정말 좋았다. 올릴 곳은 올리고, 내릴 곳은 내리고, 여기에 긴장감까지 연출하는 말투는 굳이 오버액션하지 않아도 무미건조한 톤을 벗어나기에 최상이라고나 할까?

"There are six beautiful girls standing in front of me. But I've got only five photos...." 지금 제 앞엔 아름다운 미녀 여섯 명이 서 있습니다. 하지만 제 손 안엔 다섯 명의 사진만이 들려 있죠···."

"Who's gonna be the America's next top model? 자, 과연 누가 다음번 미국 최고의 톱 모델이 될까요?"

모델들을 탈락시킬 때마다 타이라 뱅크스가 냉정하게 반복하던 이 말들은 지금도 잊지지 않는다.

물론 나와 달리 어떤 이에게는 오프라 윈프리나 타이라 뱅크스의 발음이 거슬릴 수 있다. 그러므로 가장 효과적인 방법은 자신이 좋아하는 배우 또는 영화 속 캐릭터를 정해 발음과 억양을 따라하는 것이다.

셋째, 드라마 대본 연습하듯 큰 소리로 다이얼로그 연습하기

집에서 드라마 대본을 연습하는 모습을 누군가 지켜본다면 아마 미쳤다는 말이 절로 나올 것이다. 혼자서 화도 내고, 웃기도 하고 때로는 여러 사람을 연기하는 모습은 정상으로 보이진 않을 터이니 말이다. 방송 활동 덕분인지 나는 이런 일에 익숙하다. 그래서 학원에서 다이얼로그를 주고받을 때도 다른 학생에 비해 조금 리얼했다. 또한 집에서 혼자 있을 때는 아주 자연스럽게 역할 연기 role playing 대화를 나눴다. 학원 교재, 또는 미국 드라마 대본을 가지고 마치 드라마를 연습하듯 하는 것이다.

모니카 : (simultaneously) You're fired! (동시에) 당신 해고예요!

피비 : (simultaneously) I'm breaking up with you!
(모니카와 동시에) 우리 끝내요!

팀 : What? 뭐라고요?

피비 : I'm, I'm breaking up with you. 우리, 우리 끝내자고요!

모니카 : You're fired. 당신 해고라고요.

팀 : Why? 왜죠?

피비 : I'm sorry, I'm just... I'm... I'm just not ready for a relationship right now. 미안해요, 난… 난 누굴 사귈 준비가 아직 안 됐어요.

모니카 : Yeah, and ... and I'm sorry too. But, well I just, I like things done a certain way and the chemistry's just not right.
그래요, 그리고… 저도 역시 미안해요. 하지만 어떤 식으로든 해결봐야 했고요. 그리고 우린 서로 맞지 않는 거 같아요.

피비 : Oh, that's good, the chemistry thing for us too.
오, 명해석이네, 우리 역시 서로 안 맞아요.

드라마 〈프렌즈〉 대본을 보고 리얼하게 이별 상황을 재연하다 보면 실제로 내가 이별의 주인공이 된 것 같아 마음이 허전해졌다.

심지어 아무 대본도 없이 혼자서 중얼거린 적도 많다.

"Young-chul, where are you? 영철아, 어디니?"

"I'm on my way. I'll be there in 2 minutes. 가는 중이에요. 2분 안에 도착해요."

이런 식으로 연습하다 함께 사는 누나에게 들켰을 때의 그 무안함이란…. 동생이 아니라 광놈(?) 보는 듯하는 누나의 시선에도 아랑곳하지 않고 나는 계속 역할 연기 대화를 즐겼고, 결국 누나가 익숙해져 '영철영어' 애청자가 된 후에는 종종 대사를 받아주는 센스를 발휘하기도 했다.

넷째, '알코올 영어'

한동안 나는 외국인 친구들과의 술자리를 즐겼다. 주로 마야 선생님이 주선한 자리로 나는 술은 가볍게 마시며 이야기에 집중했다. 수업 시간 외에 영어로 말하는 기회를 얻기 어려웠던 나에게 술자리는 참으로 신선한 공부법이었다. 수업 시간과는 달리 뭔가 배워야겠다는 강박관념 없이 자연스럽게 영어와 친해질 수 있었으며 더불어 실생활에 유용한 표현이 오가는, 그야말로 살아 있는 회화 교실이었다. (warning 독자 여러분. 19세 이상만 참고할 수 있는 방법이랍니다.)

게다가 약간의 알코올은 여러 가지 효과가 있었다. 알코올 섭취 후에는 항상 그분(?)이 오셨는데, 그분은 영어에 대한 자신감을 심어줄 뿐만 아니라 발음을 매끄럽게 하는 효과도 있었다. 대화를 나누며 이해하지 못하는 부분은 알코올 기운을 빌려 부담 없이 스펠링을 묻기도 했고, 나를 위해 좀 천천히 말해달라는 요구를 하기도 했다. 그래도 못 알아듣는 말이 많았지만 그중 몇 가지는 손바닥에 적어 다음 날 마야에게 확인했다. 이렇게 촌스러운 행동도 바로 알코올이 사랑으로 감싸줬으므로 '알코올'은 내 스피킹 실력을 향상시켜 준 일등공신이라 할 수 있다. 단, 알코올은 자신감이 충전될 때까지라는 거. 도를 넘으면 '무례 영어', '인간관계 단절 영어'로 직행한다는 사실을 잊지 말자.(실은 몇 명 잃어본 뒤, 뼈저린 후회를 바탕으로 당부드려요. ㅠ_ㅠ)

놀라운 점은 막무가내로 위에서와 같은 방법에 주력하자 어느 날 봇물 터지듯 영어가 콸콸 나오는 것이었다. 그 순간은 '말이 트인다'는 것이 어떤 느낌인지 마음에 와 닿으며 환희까지 느껴졌다. '영어는 호리병이다.' 그 순간 내 머릿속을 스쳐간 말이다. 호리병에 담긴 물이 처음에는 아주 조금씩 나오다 어느 순간 콸콸 나오는 것처럼 스피킹 역시 예상하지 않은 순간 말문이 트였다. 그 순간의 기뽐은 아마 길을 걸으며 영어 회화를 공부하다 전봇대에 부딪쳐본 소수만이 공유할 수 있는 값진 경험일 것이다.

영철영어 Best 22

I blacked out.
나 필름 끊겼어.

black out은 '정전, 무대 암전, 일시적인 기억 상실'이라는 의미가 있습니다. 그래서 과음으로 필름이 끊겼을 때 black out을 사용합니다. black 대신 pass를 써도 의미는 같답니다.

I passed out. 나 필름 끊겼어.

필름이 완전히 끊기려면 1차에서는 불가능하겠죠? 그렇게 하룻밤에 여러 곳을 돌아다니며 술을 마시는 것을 bar hopping이라고 합니다. 쉬운 말로 1차, 2차, 3차….

I totally blacked out after going bar hopping last night.
어젯밤에 여러 차 갔다가 완전히 필름 끊겼어.

그렇다고 알코올로 인한 기억 상실에만 사용되는 건 아닙니다. 갑작스러운 사고로 잠시 의식을 잃었을 때도 쓸 수 있습니다. 바로 이렇게 말이죠.

He blacked(= passed) out after the accident.
그는 사고 후에 의식을 잃었다.

02 YOUNGCHUL ENGLISH

listening:
CNN으로 리스닝하지 않았다오~

Fee first?, 리스닝 굴욕

미리 고백하자면 나는 매우 산만하다. 이미 아는 사실이라고??? 아마 지금 머릿속으로 예상하는 것보다 딱 두 배로 더 산만하다고 생각하면 맞을 게다. 나의 집중력 시간은 길어야 5분. 다행히 그 5분만큼은 놀라운 집중력을 발휘한다. 하지만 그 이상은 불가능하다. 아이디어 회의를 할 때도 5분이 지나면 집중력이 떨어지며, 영화를 볼 때도 앞부분 5분이 지루하면 끝까지 보지 못한다. 이런 나에게 혼자서 5분간 공부하는 일은 마치 경지 높은 수행과 다름없다. 특히 눈에 아무것도 보이지 않고 귀로만 들어야 하는 '리스닝'은 고행 그 자체였다. 하지만 듣지 못하면 말을 할 수도 없으므로 말하기 좋아하는 나에게 듣기는 절체절명의 과제가 되었다.

리스닝이 가장 간절한 순간은 외국인 친구들과의 모임 자리였다. 처음 몇 번은 'Pardon?'과 "Could you say that one more time?"으로 버텨냈지만 그 이상은 무리였다. 나를 배려한 흑기사나 흑장미의 도움으로 위기를 모면할 수 있었지만 상황을 제대로 이해하지 못해 얼굴이 화끈거렸던 적이 한두 번이 아니었다.

지금도 기억에 남는 일이 마야와 함께 그녀의 친구 '헤나'를 만났을 때다. 약속 장소에 도착한 헤나는 자리에 앉지도 않고 이렇게 말했다.

"Fee first."

그러고는 가방을 든 채 계산대 쪽으로 성큼성큼 걸어가는 것이었다. 상황을 제대로 파악하지 못한 나는 보충 설명을 기대하며 마야를 쳐다보았다. 그런데 마야는 그저 미소만 지을뿐 아무 말도 하지 않았다.

'분명히 Fee first.라고 했는데…. fee는 요금이라는 뜻이니까, 그럼 계산 먼저? 오늘은 헤나가 쏘겠다는 이야기인가?'

결국 궁금함을 참지 못한 나는 용기를 내 마야에게 물었다.

"마야, 왜 친구가 오자마자 'Fee first.'라 말하며 계산을 한다고 하는 거야? 여기는 선불도 아닌데…."

내 말에 마야는 아주 친절하게 설명해주었다.

"아주 좋은 질문이야. 봐, 영철. 방금 헤나가 한 말은 'Pee first.'야. 너는 그걸 'Fee first.'로 잘못 알아들은 거지. 'fee'는 네 말대로 택시 요금, 수업료 같은 요금이나 입장료, 'pee'는 소변이라는 뜻이 있어. 보통 때는 'urine'이라 하지만 아주 친한 사이에는 'pee'를 써. 이해하니?"

'p'와 'f'는 헷갈리기 쉬운 발음이기는 하지만 '화장실 간다'는 말을 '계산하겠다'는 의미로 잘못 알아듣다니.(ㅠ_ㅠ) 마야의 설명을 듣고 나는 부끄러워 어디론가 숨고 싶었다.

영화배우 로자리오 도슨과 함께~

이보다 더 심각했던 최악의 상황도 있었다. 역시 마야의 친구가 뉴욕에서 잠시 한국에 왔을 때인데, 그녀는 다름 아닌 영화배우 로자리오 도슨이었다. 로자리오 도슨은 〈맨인블랙 2〉에서 '로라', 〈알렉산더〉에서는 '록산느' 역을 연기한 주·조연급 배우로 마야와 절친한 사이였다. 마야는 배우 친구가 온다는 소식을 듣고 한국의 개그맨인 나를 초청해 셋의 만남이 이루어졌다.

문제는 로자리오 도슨이 나를 배려해줄 마음의 여유가 전혀 없었다는 것. 오랜만에 만난 마야와 그녀는 나누고픈 이야기가 너무 많았던 것이다. 게다가 그녀는 나보다 말이 최소 4배속이 빨랐다. 처음 듣는 목소리와 억양, 그리고 4배속 빠른 영어. 이 최악의 상황에서 나는 좌절하지 않을 수 없었다.

만남을 갖기에 앞서 나는 인터넷으로 로자리오 도슨의 프로필을 검색한 후 어떤 말을 할지 연습까지 해갔지만 준비한 말만 전했을 뿐 대화는 나누지 못했다. 그날 나는 그동안 내가 온실 속 화초였다는 사실을 깨닫고 리스닝의 필요성을 온몸으로 느꼈다.

집중력 5분의 한계를 돌파하는 영철이식 리스닝법

"어떻게 해야 귀가 뚫리나요?"

나의 우문에 돌아오는 답변은 대부분 비슷했다.

"뭐든지 꾸준히, 날마다 들으세요. 집중해서 듣지 않더라도 그냥 틀어놓으세요. 자꾸 듣는 거 외에 방법은 없습니다."

그 후 나는 과감하게 CNN 리스닝 반에 등록해 본격적으로 듣기 공부를 시작했다. 어렴풋이 CNN 리스닝 반은 누구나 한 번은 넘어야 할 산이라는 이야기를 들었던 것이 기억났기 때문이다. 뉴스는 또렷한 표준 발음으로 육하원칙에 따라 사실을 전달하므로 리스닝 훈련에 적합하다는 이유와 함께. 하지만 결과는 대참패였다. 한 시간 내내 '듣기만' 하는 수업이었는데 99퍼센트는 알아들을 수 없었다. 게다가 겨우 이해한 1퍼센트도 전혀 관심 없는 내용이었다. 그렇게 3주가 지나자 수업 시간이 다가오면 머리가 지근지근 아팠다. 답답한 마음에 내가 찾은 곳은 병원이 아니라 나의 멘토였다.

"영철 씨, 만약 마야가 한국어 듣기 공부 어떻게 하느냐고 물으면 9시 뉴스 들으라고 할 거예요? 그렇지 않잖아요. 영철 씨한테 맞지 않는 수업은 억지로 듣지 마세요. 잘못하면 영어 공부 자체가 싫어질 수도 있으니까요." (이근철 선생님)

"영철, 너는 그냥 제니퍼 애니스톤 얼굴 보면서 공부하는 게 나아. 부시 대통령 목소리 들으면 바로 졸립다면서." (마야)

두 사람의 말을 듣고서야 나는 아주 편안한 마음으로 CNN 리스닝 반을 포기할 수 있었다. 곰곰이 생각하니 우리나라 정치와 경제에도 관심이 없는 나에게 CNN 뉴스로 영어를 공부하는 것은 골치 아픈 이야깃거리 + 최악의 공부법이었다. 그래서 남들 따라 노력한 것에 만족하고, 흥미 없는 콘텐츠는 에너지 낭비일 뿐이라는 교훈을 얻은 후 바로 급하고 산만한 내 성격에 맞는, 김영철다운 리스닝 공부법을 찾아내 한길을 걷기 시작했다. 아래에 소개하는 내용은 나만의 리스닝 공부법이다.

하나, 짧은 뉴스 반복해서 듣기

차를 타고 이동할 때는 MP3로 짧은 뉴스를 순간순간 집중해서 듣는다. 1분 30초가 가장 적합하며 길어도 2분 30초를 넘기지 않는다. 여러 개의 뉴스를 여러 번 반복해서 듣고 그날 들은 것 중 한 문장은 통째로 외운다. 반드시! 리스닝은 질이 중요하다. 알아듣지 못하는 내용을 20분간 듣는 것보다 2분짜리 뉴스를 열 번 반복하는 것이 더 효과적이다.

둘, 텔레비전을 통한 전신 리스닝

보통 리스닝은 TV보다 라디오가 효과적이라고 하는데 내 경우는 좀 달랐다. 말을 하는 이의 입 모양, 표정, 제스처 등이 함께 어우러지면 집중이 훨씬 잘 됐고 잘 들렸다. 그래서 밥을 먹을 때도 케이블 TV를 틀어놓았고 TV 앞에 앉아 있지 않더라도 TV를 듣고 보기를 반복했다. 그러나 TV를 본다고 해서 영어 실력이 늘지는 않는다. 내가 활용한 방법은 TV를 틀어놓고 편안히 듣다가 귀에 쏙 들어오는 단어가 있으면 확 낚아채 반복해서 발음한 후 외우는 것. TV는 반복해서 들을 수 없으므로 단어 위주로 공부하는 것이 효과적이었다.

그리고 다른 하나는 말을 할 때의 제스처, 억양, 표정을 관찰하는 것. 언어는 종합 예술이라 발음, 억양, 표정이 조화를 이루어야 비로소 의미가 전달되므로 이 관찰은 언어적 센스를 키우는 데 큰 도움이 된다. 단, 관찰한 후에는 곧바로 써먹어야 한다는 것. 혼자 거울을 보고 해도 좋고 또는 억지로 상황을 만들어서라도 학원 친구들에게 활용한다. 이것이 바로 내가 도시락 싸들고 다니면서 짚어주고 싶은 핵심 중의 핵심이다. 왜? 생활에서 활용하지 않으면 TV 시청도 MP3 청취도 시간 낭비일 뿐이기 때문이다.

셋, 상대의 말 경청하기

외국인과 만났을 때 상대방의 말을 경청한다. 원래 말하기를 좋아하는 나는 외국인을 만나서도 말을 듣기보다는 내가 준비해 간 말을 일방적으로 하는 스타일이었다. 아마도 그때는 리스닝보다는 스피킹이 더 중요하다고 생각했던 모양이다. 하지만 시간이 지날수록 리스닝이 중요하다는 사실을 깨닫고 진심으로 상대방의 말을 경청하는 습관이 생겼다. 외국인과 대화를 나눌 때는 오감에 눈치까지 동원해 식스 센스로 대응했다. 내용을 이해하지 못하면 눈치로 맞장구치고 상대방이 계속 말을 이어가면 안심할 수 있었다. 또 내 눈치가 맞지 않을 때는 상대방이 정정해줘 대화를 이어간 적도 많았다. 많은 난관이 있었지만 사람을 좋아하는 내게 이 방법만큼 효과적인 공부법은 없었다.

넷, 오디오북 활용

　어느 정도 귀가 뚫렸다고 생각될 때 오디오북을 들어보자. 책은 한국어로 번역된 소설 중 이미 읽은 책 위주로 선택했다. 대략의 스토리를 알고 듣는 것이 훨씬 효과적이기 때문이다. 나는 초반에 오디오북을 들을 때는 공부하는 마음이 아니라 음악을 듣는 기분으로 듣기 시작해 2~3개월 동안 책 한 권을 반복해서 듣기도 했다. 그 책이 바로 《Chicken Soup for the Soul 영혼을 위한 닭고기 수프》. 내용이 소항목으로 작게 나뉘어 있는 데다 남녀가 번갈아가며 책을 읽어줘 지루하지 않았다. 또 대화가 많아 라디오를 들을 때처럼 부담이 없어 좋았다.

다섯, 메모하기

　짧은 뉴스든 오디오북이든 들으면서 귀에 확 다가오는 것은 반드시 메모를 한다. 가장 좋은 방법은 들으면서 받아쓰기하듯 받아 적는 것이 정석. 하지만 처음에는 받아 적어야 한다는 강박관념 때문에 듣기에 집중하기 어렵다. 집중력이 부족한 이라면 간단한 메모를 통해 들은 내용을 복습하면서 받아 적는 습관을 들이는 것이 좋다. 그러다 보면 언젠가 단어가 숙어가 되고 숙어가 문장이 되는 날이 올 것이다.

여섯, 전화 영어

　전화 영어는 오직 목소리만으로 내용을 이해해야 하므로 리스닝에 큰 도움이 되었다. 그러므로 집중적으로 리스닝을 공부하는 시기에는 전화 영어를 활용하는 것도 좋은 방법이다. 최근에는 전화 영어가 점점 진화되어 수업 내용을 녹음할 수도 있으므로 녹음된 자료를 반복해서 들으며 자신의 스피킹 스타일과 문제점을 짚어보는 것도 가능하다.

EBS 김경선 선생님의 강의 내용 가운데 잊히지 않는 것이 바로 '리스닝 5단계' 이야기다.

"여러분, 듣기에는 5단계가 있어요.

1단계, 아무리 열심히 들어도 들리지 않죠. 우리말이 아니라 영어구나라는 확신만 있는 상태입니다.

2단계, 아주 쉬운 단어가 조금씩 들리기 시작합니다.

3단계, 아주 집중하면 대충의 흐름을 이해할 수 있어요.

4단계, 편안하게 들어도 알아들을 수 있는 시기. 이때부터는 의사소통이 가능하지요.

5단계, 운전하면서 AFKN 들으며 뉴스 내용 참견하는 때지요."

아직도 나는 3~4단계를 왔다갔다 하는 상황이다. 집중하지 않으면 단어를 놓치고, 문장을 놓치고, 헷갈리기 시작해 되묻게 되는 단계. 그런데 예전과 확실히 달라진 것이 있다. 달나라 얘기처럼 무슨 말인지 도무지 들리지 않고 졸음만 몰고 오던 CNN 뉴스가 조금씩 들리기 시작했다는 것. 귀가 트이면서 뉴스 내용을 이해하게 되니 듣는 재미에 딱딱한 소재를 다뤄도 예전보다 지루함을 덜 느낀다. 개인적인 특성에 맞춰 공부한 리스닝이 효과를 발휘하여 더 큰 물에 나갈 수 있게 된 느낌이랄까? 나도 언젠가는 운전하면서, 운동하면서 영어 방송을 듣고 자연스럽게 내용 참견할 수 있는 날이 오기를 기대한다.

영철이는 전화영어 회화 중. 이어폰 끼고 교재도 보면서 적극적으로~

Is that for here or to go?
여기서 드실 거예요, 아니면 가져가실 거예요?

음식점, 특히 패스트푸드점에서 흔히 쓰이는 표현입니다.
Is that for here or to go? 또는 간단하게 Here or to go?로도 쓰입니다.
먹고 갈 건지, 가져갈 건지 물었으니 답변은 당연히 두 가지 중 하나겠죠?

For here. 먹고 갈 거예요.
To go. 가져갈 거예요.

너무 간단하다고요? 알면 간단하지만 만약 못 알아들으면 매우 괴로운 상황, 즉 집에 가져가서 먹고 싶은데 꼼짝없이 매장에서 먹어야 하는 일이 일어날 수 있으니 반드시 알아두세요.
그리고 너무 간단하다고 생각하는 분들은 이렇게도 표현해보세요.

I'd like to eat here. 여기서 먹을게요.
I'll take it to go. 가져가서 먹을게요.

03 YOUNGCHUL ENGLISH
reading:
산만한 영철이의 맞춤 리딩

리딩의 기초와 중심은 '흥미'로 고정시킨다

"Extensive reading is not the best way. It's the only way. 리딩은 최상의 방법이 아니라 유일한 방법이다." - 스티븐 크라센

외국어 습득 이론의 세계적 권위자인 미국의 언어학자 스티븐 크라센은 많이 읽다 보면 리스닝, 스피킹, 라이팅 등 언어의 모든 측면을 습득할 수 있다고 강조하기도 했다. 새삼 느끼는 사실이지만 참으로 맞는 말이다. 읽다 보면 귀가 뚫리는 느낌이 들기도 하고 쓰기에 대한 자신감이 생기곤 한다.

내 리딩 교재 1순위는 연예 잡지 《피플》. 하지만 단지 흥밋거리로만 읽는 것이 아니기에 잡지를 보는 원칙이 있었다. 처음에는 시각적으로 훑어보기 단계로 사진과 제목만 살펴본다. 그다음에는 페이지를 넘기면서 관심이 가는 기사만 살펴

본다. 이때도 내용을 자세히 보기보다는 대략 문맥만 이해하는 정도. 대신 모르는 단어를 표시하면서 앞뒤 문맥을 통해 어떤 뜻인지 유추해간다. 그런 후에 궁금한 기삿거리 순으로 단어를 찾아가며 정독한다. 정독할 때도 번역하듯 읽지는 않았다. 예를 들어 '××는 헤어졌다. 누구와. 무슨 이유로' 식으로 해석하지 않고 '아, 얘들 또 헤어졌네' 식으로 흐름을 이해하려 노력했다.

부수적인 효과도 컸다. 외국 친구들을 만났을 때 잡지를 꺼내면 자연스럽게 대화 소재가 된다는 점. 그리고 잡지에서 다루는 내용이 심각하지 않아 영어가 어렵지 않게 느껴졌다는 점. 무엇보다도 영어로 된 텍스트를 읽는 것을 '습관'으로 만들었다는 점. 이 세 가지만으로도 잡지 리딩은 절반의 성공을 거뒀다고 자부한다.

세상과 나의 접점을 찾는 업그레이드 리딩 교재, '영자 신문'

하지만 《피플》류의 연예 주간지는 한계가 있었다. 문장이 너무 짧고 단순하며 속어 slang가 많은 것이 사실. 게다가 결정적으로는 다루는 내용이 영어 공부에는 도움이 될지 모르지만 나의 발전에는 큰 도움이 되지 않았다. 물론 이런 지적은 내가 처음 연예 주간지를 읽을 때부터 들은 내용이지만 정작 그 사실을 깨달은 것은 2년이 훌쩍 지나서였다. 예를 들면 스포츠 신문 또는 무협지에 열광하느라 자기 계발서 또는 시사적인 문제를 다루는 묵직한 내용의 책은 등한시한 셈이었다. 그러다 보니 사람들과의 대화도 한계가 있었으며, 특히 북핵 문제라든지 이라크 파병 같은 문제에 대해서는 영어뿐만 아니라 한국어로도 대화를 나누기 어려운 상태가 되었다.

그에 대한 반성으로 《피플》을 대신해서 나의 주요 리딩 교재로 선택한 것이 영

자 신문이다. 지금은 《코리아헤럴드》를 즐겨 보지만 신문 읽기의 시작은 《주니어 헤럴드》였다. 아무래도 《주니어헤럴드》가 청소년들의 눈높이에 맞춰져 있어 덜 부담스러웠기 때문. 신문은 다 읽으려고 하지는 않았다. 인터넷을 통해 접해오던 세상 돌아가는 소식들을 영자 신문으로 해결하겠다는 마음으로 주요 기사를 체크했고, 그 밖에 별자리와 심리 상담, 광고 같은 가벼운 코너를 주로 살펴봤다. 대신 모르는 단어나 이해가 가지 않는 내용은 가능한 한 선생님들한테 질문해서라도 바로바로 풀려고 노력했다. 왜냐하면 신문은 하루가 지나면 정말 다시 보게 되지 않기 때문이다.

단편소설에서 장편소설까지~, '리딩 호흡 늘리기'

신문 외에 리딩 교재는 단편소설과 짧은 에세이다. 한 달에 한 번 대형 서점에 들러 한 달치 분량의 책을 구입하는 게 나 혼자 즐기는 엔터테인먼트 중 하나. 베스트셀러 위주지만 책 읽기를 즐기는 나는 리딩에 자신감을 느끼고 서점에 갈 때마다 영어로 된 책을 구입했다. 한때는 책을 살 때의 뿌듯함이 너무 좋아 책을 사는 일 자체에 흠뻑 빠진 적도 있다.

하지만 너무 자신만만해서일까? 한글로 된 소설은 한번 빠지면 끝을 볼 때까지 읽는데 영어로 된 소설책은 도무지 진도가 나가지 않았다. 여러 가지 이유가 있겠지만 가장 큰 문제는 역시 단어. 소심한 A형인 나는 '모르면 그냥 넘어가라'는 충고를 실천하기가 너무 어려웠다. 더구나 내가 읽기 교재로 선택한 책은 이미 읽은 소설이나 자기 계발서였으므로 대강의 줄거리는 아는 상태. 그래서인지 단어 하나하나가 더욱 눈에 들어와 책을 읽는 시간보다 단어를 찾는 시간이 더 오래 걸렸다. 그 결과 읽기의 맥이 끊겨 처음부터 끝까지 읽은 책이 거의 없다.

리스닝 때와 비슷한 오류를 범한 후에 호흡이 짧은 단편소설과 에세이로 눈을 돌리게 되었다.

《제인 에어》를 읽고 요약한 노트. 영어 원서 리딩 초기에는 세계 명작들을 축약한 문고판 도서 '펭귄 클래식 시리즈'를 추천한다.

여기서 중요한 점은 단편소설을 읽은 후에는 반드시 내용 요약plot summaries을 했다는 것. 이것은 학원에서 배운 습관인데 나에게는 리딩의 정수, 리딩의 완성은 요약이라는 생각이 들 정도로 효과적이었다. 책을 읽고 독후감을 쓰면 정리가 잘 되는 이치가 여기서도 적용되는 듯하다.

　마음에 와닿는 명구절에 밑줄을 치거나 옮겨 적은 후 외우는 것도 쏠쏠한 도움이 된다.(부록 238쪽을 참고하세요~) 단편에 적응하고 난 후 장편을 읽기 시작할 때 활용한 방법은 오디오북과 텍스트북의 접목. 오디오북이 함께 있는 책을 선택해 오디오를 들으면서 동시에 책을 보기도 하고, 책을 보다가 진도가 나가지 않을 때는 그냥 오디오만 들으면서 일차 고비를 넘기고 있다.

　만약 나만큼 산만한 이가 있다면 나처럼 처음엔 짧은 단편부터 리딩을 시작해 보자. 교재는 자신의 흥미에 맞춰서 자유자재로 선택하고, 이해가지 않는 것은 끙끙대며 붙들고 있지 말고 과감히 건너뛴다 skip. 이 부분은 나도 잘하지 못해 쩔쩔맸지만 이왕 시작하는 거라면 '통 크게, 눈 딱 감고, 건너뛰자!'.

　이렇게 막무가내식으로 공부해도 리딩에 도움이 되느냐고?

　그것은 내가 장담한다. 바로 그 막무가내식 리딩을 통해 단편이 아니라 중편을 넘어 이젠 장편소설의 대장정을 즐기는 내가 산증인이다. 단 하나의 조건은 포기하지 않는다는 것. 그러면 차츰차츰 호흡은 길어지기 마련이다.

　리딩과 관련해서 한때 헷갈렸던 점이 '무조건 많이 읽어라 vs 도움이 되는 리딩 교재는 따로 있다'라는 상반된 주장이었다.

　"영철, 《피플》이나 《인 터치》는 너의 공부에 도움이 되지 않아. 슬랭이 너무 많고 표현도 고급스럽지 못해."(A강사)

　"영어는 리딩이 제일 중요해. 그러니까 아침부터 저녁까지 읽어. 닥치는 대로 뭐든지 읽어. 신문도 좋고 잡지도 좋아. 그렇게 읽은 것은 다 네 것이 될 거야." (B강사)

　두 사람 모두 너무도 확고했기 때문에 나는 《피플》 잡지를 읽어야 할지 말아야 할지 고민하기도 했다. 당시 나는 《피플》을 줄이고 영자 신문 읽는 시간을 늘렸다. B강사의 말이 맞다고 생각해서가 아니었다. 그 무렵《피플》이 물렸고 마침 새로운 영어 친구들이 생기며 연예계 뉴스 외에 다른 분야의 대화를 나누게 되었기 때문. 그 친구들은 내게 새로운 세계였다. 내가 '얼리어답터'와 같은 상식을 모르는 외국인에게 신뢰를 보내지 않았던 것처럼 외국인 친구들 역시 북핵, 이라크 파병 등의 문제에 대해서 관심 없는 나와의 대화를 즐거워하지 않았다.

'새로운 것에 관심을 가지라는 신호구나.'

그 고비를 넘기며 나는 또 한 번 깨달았다.

'영어 공부에 왕도는 없다. 다만 시기별로 자신에게 맞는 공부법이 있을 뿐이다.'

그런 마음으로《피플》을 멀리하면서 일어나는 금단 현상과 정치, 경제 관련 기사 혹은 무거운 주제의 책을 읽을 때 쏟아지는 잠을 이겨낼 수 있었다.

Can you tell?
티 나니?

'티 나니?' 또는 '구분할 수 있겠어?'라는 뜻으로 주로 신상에 변화가 있을 때, 그 변화가 상대방에게 느껴지는지 궁금할 때 쓰는 표현이지요. 예를 들어 성형 수술을 했을 때도 "티 나니?"라고 물을 수 있겠죠. 이번엔 바로 재연에 들어가 보겠습니다.

영철 : Hi, long time no see. 안녕, 오랜만이야.
B양 : It seems like years. 정말 오랜만이네.
영철 : You look so beautiful today. 오늘 무지 예뻐 보인다.
B양 : Actually, I had a nose job last month. Can you tell?
사실, 나 지난달에 코 성형 수술했어. 티 나니?
영철 : No, I can't tell. It looks completely natural!
아니, 전혀 티 안 나. 정말 감쪽같아!
B양 : Thanks. 고마워.

만약 티가 날 때는 어떻게 답하느냐고요? 이렇게 말하면 됩니다.

Yes, I can tell. 응, 티 나.

04 YOUNGCHUL ENGLISH

writing:
영작의 고뇌, 메신저와 이메일로 pass

자신의 영어 스토리를 기록하라

만약 누군가 말하기, 듣기, 읽기, 쓰기 중 가장 어려운 것을 꼽으라고 한다면 나는 서슴지 않고 쓰기를 택할 것이다. 왜냐하면 언젠가부터 좀처럼 무언가를 쓸 일이 정말정말 줄어들었기 때문에 나에게는 쓰기 자체가 생소하다. 그나마 영어 공부를 시작하고 나서 쓸 일이 생겼지 그전까지는 수첩에 약속이나 할 일을 메모하는 것이 전부였다. 그래서인지 학원에서 내는 과제 중 가장 부담스러웠던 것도 바로 쓰기. 특히 단편소설을 읽고 내용을 요약하는 과제가 가장 어려웠다. 읽고 나서도 어떻게 정리해야 할지 몰라 답답했던 적이 한두 번이 아니다.

흔히 영어 쓰기 비법을 이야기할 때 빠지지 않고 등장하는 것이 일기를 쓰라는 충고다. 하지만 한글로도 쓰지 않는 일기를 갑자기 영어로 그것도 매일 쓴다는 것은 고역 그 자체. 그래서 잔머리의 대가 나 김영철이 선택한 쓰기는 일기라

영철이의 메모

"My big mouth has got me into a lot of trouble. That's why I try to keep it closed as much as possible."*

- Sean Penn

There are a lot of things I want to do: studying in America, being a TV host on Arirang TV, participating in the *Just for Laughs Festival*, the list goes on and on. Oh, why did I say that? I wish I could take that back. This conversation is getting out of control. What should I do? If I don't study English very hard, people will think I am a liar.
Poor big mouth Young-chul!

"내 입방정 때문에 큰일이 생기곤 합니다. 그래서 나는 가능하면 입을 닫으려고 합니다."
- 숀 펜

나는 하고 싶은 일이 정말 많다. 미국 유학, 아리랑 TV 진행자 되기, 몬트리올 코미디 페스티벌 참가… 기타 등등. 아, 내가 도대체 왜 그런 말을 했을까? (그동안의 인터뷰들을) 다시 주워 담을 수만 있다면… 내가 한 말들이 점점 걷잡을 수 없는 지경에 이르고 있다. 쩔 어떻게 해야 하나? (내가 말한 것들을 수습하기 위해) 앞으로 영어 공부를 열심히 하지 않으면 완전히 허풍쟁이로 낙인찍힐 것 같다.
불쌍한 입방정쟁이 영철!

*할리우드의 악동 숀 펜이 니컬러스 케이지를 비난하는 발언과 관련해 자체 수습하는 의미에서 했던 말입니다.

기보다는 현실적인 삶의 기록이다.

영어를 기록한다고 함은 그날그날 영어 공부를 하면서 기억에 남는 일을 적는

것이다. 학원에서 있었던 일, 수업 중에 한 질문, 기억에 남는 문장, 또는 실수담 등 무엇이든 좋다. 복습하는 마음으로 영어를 기록한다. 실수 시리즈, 내 인생의 명문장 등 그때그때 테마를 정해 정리해도 좋다. 훗날 다시 읽어보면 영어 실력이 어떻게 향상되었는지 한눈에 알 수 있는 좋은 자료가 될 것이다.

피드백이 있는 글쓰기, 메신저 & 이메일 활용법

컴퓨터 메신저 messenger 와 휴대전화 문자 메시지 text message 는 아주 일상적인 의사소통 수단이다. 두 가지의 공통점은 짧으면 짧을수록 좋다는 것. 따라서 문장을 완벽하게 표현하기보다는 줄임말, 또는 요점이 되는 단어만 나열하는 때도 있다. 그러므로 짧은 영어로도 가능하며 자동으로 저장되어 대화 내용을 다시 살펴볼 수 있어 복습에도 좋다. 특히 외국인 친구들과는 전화 통화보다 문자나 메신저가 훨씬 이해가 빠르므로 효율적 efficient 이기도 하다. 비록 짧은 문장이지만 습관이 되다 보면 이것만큼 유용한 쓰기 도구도 드물 것이다. 다음은 친구와의 영어 메신저.

영철: What time do you want to meet? 몇 시에 만날까?
유정: 7p.m., OK? 오후 7시, 어때?
영철: OK. 좋아.
유정: Where? 장소는?
영철: How about at Starbucks? 스타벅스 어때?
유정: Which one? 어디에 있는데?
영철: …… 그래. 자세한 장소는 한국말로 통화하자!! ㅋㅋ

간단한 대화라고 무시하지 말자. 자판으로 치다 보면 나 같은 컴맹은 자판 실력도 늘고, 또 정확한 스펠링을 아는 데도 큰 도움이 된다.

이메일은 아주 좋은 쓰기 훈련의 장이다. 간단한 안부 인사에서 업무 요청까지 과거에 종이 편지나 팩스로 했던 일들이 이메일로 대체된 지 오래. 이메일은 특별한 형식이 없으므로 자신이 하고 싶은 이야기를 맘껏 할 수 있다. 단, 초록 모자를 쓴 이웃에게 물어 문장을 복사해서 편하게 쓰는 것은 금물. 먼저 노트에 써서 정리한 후 이메일로 옮기는 것이 효과적이다. 또 이메일은 내가 쓰면 답장이 오므로 편지를 읽는 재미도 아주 쏠쏠하다.(부록 240쪽에서 부담 없는 이메일 쓰기 예시를 참고하세요~)

앞에서 말한 것처럼 아직 나의 라이팅 실력은 그리 자랑할 만하지 못하다. 결정적으로 쓸 기회가 많이 없다. 최근 가장 자주 쓰는 것은 이메일, 그리고 학원 숙제를 할 때다. 다행스러운 것은 이 정도라도 유지하면서 영어로 메모하는 습관이 생겼다는 사실. 뉴스를 들으면서, 드라마를 보면서 기억해야겠다고 생각되는 문장은 얼른 메모하곤 하는데, 요즘은 그런 메모가 모여 공책 한 권이 되고 책 한 권이 된다는 것을 실감하고 있다. 처음부터 욕심내서 영작한다고 애먹지 말고 이렇게 짧은 메모나 이메일 등을 통해 꾸준히 써가며, 같은 표현이라도 다른 단어를 사용해 변화를 주는 것이 현재 나의 영작 학습법이다. 물론 나의 목표는 어떤 사안에 대한 내 견해를 영어로 전달하는 것이다.

영철영어
Best 25

I think I blew it!
완전히 망쳤어!

blew는 blow의 과거형으로 여기서는 '(기회, 시험 등을) 망치다'라는 뜻으로 쓰입니다. 비슷한 표현으로는 I messed up.이 있습니다. mess 역시 '뒤죽박죽, 엉망진창'이란 뜻을 가지고 있거든요.
'너 때문에 이 고생을 하고 있잖아!'라는 뜻의 You got us into this mess!와 같은 표현으로 mess를 외우셔도 좋을 겁니다.
자, 그럼 여기서 오랜만에 재연 들어가 볼까요?

영철 : How was the interview? 면접시험 어땠어?
B군 : I think I blew it. 완전히 망쳤어.

반대로 '잘 봤다'고 말하고 싶다고요? 네, 시험 잘 본 분들을 위해 다시 재연 들어갑니다.

영철 : How did you do on your final exam? 기말시험 잘 봤어?
B군 : Really well. I got a perfect score. 잘 봤어. 만점 받았어.

05 YOUNGCHUL ENGLISH

grammar: 다시 시작하는 문법

영철이식 영어의 불균형을 바로잡은 헤이든 샘

신이 나서 영어 공부를 하던 시절, 나의 삶은 하루하루가 새로웠다. 방송 대본 외에 처음으로 공부에 몰입하는 내 모습이 너무 낯설어 가끔 나 자신이 깜짝깜짝 놀랐고, 하루가 다르게 늘어가는 영어 실력도 신비 그 자체였다.

행복의 절정은 〈정오의 희망곡〉 '영철영어'와의 만남~ 〈정오의 희망곡〉의 인기는 예상보다 훨씬 대단했고, 덕분에 '영철영어'는 초반부터 뜨거운 지지를 받을 수 있었다.

"영철, 혀로 드리블 좀 하던데. 다음 생애에는 알파벳으로 태어나라~"

"미쿡, 갔다 온 거 맞죠? 발음이 아주 소프트해."

이런 격려에 힘입어 나는 밤늦도록 공부를 하고, 매일 아침 어서 빨리 12시가 오기를 기다리는 심정으로 눈을 떠 학원으로 향했다.

'할 수만 있다면 하루 24시간 공부만 해서 지금보다 더 잘난 척을 하고 싶다.'

딱 요런 심정이었다. 영어 공부에 엔진을 달고 시속 200킬로미터로 나는 느낌이라고나 할까?

하지만 이런 순간도 잠시. '영철영어'를 시작한 지 1년, 그러니까 내가 영어 공부를 시작한 지 5년이 지나자 상황은 달라졌다. 꾸준히 공부를 해도 실력은 더 이상 늘지 않는 느낌이었고, 나의 습자지 귀 역시 웬만한 칭찬에 팔랑거리지도 않았다.

이렇게 영어 공부가 더 이상 즐겁지 않은 바로 그 무렵, 나를 일으켜 세워준 이가 있었으니, 바로 일대일 수업의 강사 헤이든이다.

헤이든은 첫 만남부터 인상적이었다.

언제나 그러하듯 나는 첫 수업에 대한 약간의 설렘을 즐기며 영원한 나의 영어 친구 《피플》 잡지를 한 손에 들고 학원에 도착했다.

헤이든과 마주 앉았을 때 나는 최대한 오버해 'Hi~'를 힘차게 외치며 책상 위에 잡지를 올려놓았다.

"와우, 이 잡지 자주 보니? 나도 《피플》지 팬이야."

그동안의 경험상 내가 예상한 반응은 위와 같았다. 그러나…

'5, 4, 3, 2, 1, 0'

"……"

'허걱!!'

마음속으로 카운트다운을 하며 반응을 기다리던 나는 그의 무반응에 너무 당황했다.

잠깐의 어색한 침묵. 그 어색함은 꼭 이런 느낌이었다.

'How are you?'라고 물으면 상대방이 당연히 'I'm fine thank you,

and you?'라고 답할 거라 굳게 믿고 다음 말을 준비하고 있는데, 상대방이 'So so.' 또는 'I'm fine thank you.'까지만 하고 'and you?'를 붙여주지 않아 준비한 말을 사용하지 못하고 쩔쩔매는 듯한….

결국 성질 급한 내가 어색함을 참지 못하고 먼저 말을 꺼낼 수밖에 없었다.

"I use this magazine as a text book. 이 잡지가 내 영어 공부 교재야."

내 말에도 헤이든은 "어, 그래?"라는 정도의 반응을 보일 뿐이었다. 그러면서 나에게 자유롭게 말을 해보라는 것이었다. 이런 경우는 매우 드물었기에 나는 생각나는 대로 이야기를 이어나갔다.

"I was born in Ulsan and I raised there. Since my debut, I live in Seoul now. This is my textbook. I bought it sometimes, and my friends bought for me whenever they go to America. I like it because, I'm an entertainer in Korea, and I like to know about star's life. But I don't study a lot these days. 나는 울산에서 태어나 거기서 자랐어. 데뷔 후에는 서울에 살고 있고. 이 잡지가 내 (영어) 교재야. 내가 이걸 가끔 구입하고 내 친구들이 미국에 갈 때마다 사다주기도 해. 나는 이 잡지를 좋아해. 나는 한국의 연예인이고 스타들의 삶을 아는 게 재미있기 때문이지. 하지만 요즘은 자주 못 봐."

(warning 영문 따라하지 마세요. 뒤에 첨삭 들어갑니다. ㅠ_ㅠ)

A4에 메모를 하며 내 말을 듣던 헤이든은 마지막 문장 "But I don't study a lot these days."를 끝내기가 무섭게 메모를 보여주며 입을 열었다. 그의 말을 들으며 나는 깜짝 놀랐다. 내가 한 말을 하나하나 짚어가며 잘못된 점을 지적했기 때문이다. 헤이든의 지적을 정리하면 이렇다.

"'I use a magazine as a text book.'은 잘못된 표현이라고 할 수는 없지만 자주 쓰는 표현은 아니야. 그냥 쉽게 'I study English through magazines.'라고 하면 돼.

그다음으로, 'I raised'는 잘못된 표현이야. 'I was raised'라고 해야 해.

'Since my debut' 같은 표현은 나는 알아들을 수 있지만 혹 다른 외국인을 만나면 못 알아들을 수 있어. 이보다는 'Since I started working' 또는 'Since I got my first job'이 자연스러워.

'I like it because, I'm an entertainer in Korea, and I like to know about stars' life.' 이 부분도 아주 어색해. 네가《피플》잡지를 좋아하는 이유가 할리우드 스타들의 일상에 관심이 있기 때문이니까 이렇게 표현하는 게 적합해. 'It's fun to study with this because I like to learn about the lives of Hollywood stars.'

마지막으로 'But I don't study a lot these days.'라는 표현. 요즘 잘 안 본다는 표현은 'I haven't had a chance to use it these days.'라고 말하는 것이 일반적이야.

'I haven't had a chance to~'는 알아두면 유용한 표현이야. 한국 학생들이 보통 'I didn't have a chance to hang out.' 또는 'I didn't hang out.'이라고 하는데 그보다는 'I haven't had a chance to hang out.'을 쓰는 게 좀 더 세련된 표현이야."

헤이든의 지적은 계속되었다. 노트 한 장이 빨간색 체크 표시로 가득 찰 때까지. 헤이든의 말을 들으며 내 얼굴은 노트보다 더 빨개져 달아올랐다.

단 5분 정도 말하는 것을 듣고 내 영어 실력을 완전히 파악한 헤이든은 현재 내 상태를 이렇게 정리했다.

첫째, 시제 표현이 완벽하지 않다.

둘째, 어휘력은 풍부한 편이다. 그런데 어려운 단어를 많이 알고 있는 반면 기본이 되는 단어 중 모르는 것이 있다.

셋째, 리액션이 참 좋다. 내용을 다 못 알아들어도 리액션이 좋아 대화를 계속 이어가는 힘이 있다.

부끄러워 어쩔 줄 몰라 하는 나에게 헤이든은 미소를 지으며 말했다.

"Don't worry. Just believe me. I'll give you a hand. Why don't you study with me? 걱정 말고 날 믿어. 내가 도와줄게. 나랑 같이 열심히 공부하자."

하마터면 나는 그 자리에서 헤이든을 안고 울 뻔했다. 너무도 올바른 지적이었기 때문이다. 돌이켜보니 그동안 '잘한다'는 말만 듣고 뒤도 돌아보지 않은 채 달려왔다. 그러다 보니 놓친 게 바로 '기초'였다.

나는 그동안 문법을 제대로 공부한 적이 없었기 때문에 가장 기본적인 시제가 항상 흔들렸다. 단어도 마찬가지였다. 체계적으로 공부를 하지 않았기 때문에 아주 기초적인 것은 모르는 반면 《피플》 잡지나 외국인 친구들과의 대화를 통해 은어 jargon, 또는 자주 쓰지 않는 어려운 단어는 알고 있어 학원 강사들로부터 나를 어느 정도의 레벨로 평가해야 할지 모르겠다는 말을 자주 들어야 했다.

물론 이는 내가 의도한 것이기도 했다. 무조건 문법부터 파고들어 머릿속에서만 화석처럼 굳어 있는 고체 영어(전형적인 우리나라 영어 학습법)가 아니라, 소통할 수 있는 파닥파닥 살아 있는 영어를 배우자고.

문법과 제대로, 다시 만나야 하는 시간

하지만 그렇다고 기초가 중요하지 않은 것은 절대 아니었다. 다만, 순서가 바뀔 수 있을 뿐, 기초가 제대로 다져 있지 않으면 실력이 향상되는 데는 한계가 있을 수밖에 없다.

헤이든과의 만남을 통해 소중한 교훈을 깨달은 후 나의 공부는 새로운 전환기를 맞았다.

'Back to basics.'

아마도 이것은 나뿐만이 아니라 영어를 공부하는 모든 이들이 걸어야 할 과정일 터다. 특히 실력이 더 이상 늘지 않고 제자리걸음이라면, 한 번 정도 의심해보자. 과연 나는 기초를 다지며 여기까지 왔는가라고 말이다.

바로 그때가 실력이 업그레이드될 수 있는 좋은 기회다. 그렇다면 문법을 공부하기 가장 적합한 시기는 언제일까?

영어의 기본 뼈대는 분명 문법이다. 영어가 모국어가 아닌 우리에게 시행착오를 줄여주고 기본을 잡아주는 역할을 하는 것이 문법이 아닌가. 하지만 대화를 할 때, 'stop 다음엔 꼭 ing를 써야 해', '저런저런 동사 뒤에 과거 ed가 안 붙었잖아'라는 문법 위주의 생각들이 우리 입을 가로막는다. 또 책을 읽을 때도 문장 구조를 일일이 분석하며 해석하는 것은 오히려 전체 의미를 이해하는 데 지장을 준다.

말하거나 읽을 때 정확하지 않고 좀 틀리면 어떤가? 공부를 하면서 무엇이 틀렸는지 알아가고 실수를 줄인다면 그게 바로 살아 있는 영어 학습이다. 또 그래서 문법이 존재하는 것이다. 문법이 간절할 때, 바로 그때 문법에 빠져라. 그래도 늦지 않다.(뜨겁게 다시 만난 문법은 재미있게 공부하길 바라며, 부록 245쪽 '영철이식 fun fun 문법 맛배기'를 참고하세요~)

It depends on the situation~
그때 그때 달라요~

A : Are you a morning person or evening person?
너 아침형 인간이니, 저녁형 인간이니?

B : I used to be a evening person, but lately I've been trying to wake up early in the morning. Yeah, it depends on the situation.
난 저녁형 인간이었지만, 아침에 일찍 일어나려고 노력하고 있어. 그래 그건 상황에 따라 달라.

인생에 정답은 없지요. 그때그때 달라지는 것이 참 많기 때문에 정말 많이 쓰이는 표현입니다. 또한 다양한 활용이 가능한 표현이기도 하죠.

It depends on the time.
It depends on the person.
It depends on how I feel.

다음 문장의 ( )안에 활용할 수 있는 명사를 넣어서 자신의 상황에 맞는 말 하나씩 만들어보세요.

It depends on the ( ).

06　YOUNGCHUL ENGLISH

vocabulary:
단어, 절대 무작정 외우지 마라

단어 전쟁

　나의 멘토 이근철 선생님은 '천상 선생님'이다. 내가 무언가를 질문하면 그는 먼저 답을 명쾌히 말한 후 덧붙여 항상 원리 principle 를 설명한다. 천성적으로 외우는 걸 꺼리는 나에게 원리를 통한 이해는 그야말로 최고의 가르침.

　하물며 단어도 마찬가지였다. 언젠가 '시사회'가 영어로 생각나지 않아 근철 샘에게 묻자 이렇게 설명했다.

　" 'pre-release'. 여기서 'pre'는 '미리, 이전의, 우선해서'라는 뜻이고, 'release'는 '영화를 개봉하다'라는 뜻이에요. 그러니까 영화를 미리 개봉하는 것, 시사회가 되는 거죠."

　여기가 끝이 아니다.

　"음, 'pre'는 알아두면 유용해요. 'prepare'는 미리 반듯하게 차려놓다의 뜻에서 '준비하다'라는 뜻이고, 'preschool'은 미리 가는 학교, 곧 '유치원'이에요. 'pre'의 반대는 'post'. 우리가 자주 쓰는 단어 중 포스트모더니즘 postmodernism도 모더니즘 이후 그에 대항해 일어난 예술 사조를 가리키잖아요."

이런 이근철 선생님이 나의 멘토라는 사실이 나에게는 큰 영광이었다.

한번은 어느 미국인과 이근철 선생님이 이야기를 하다가 영어 단어 하나를 놓고 의견이 일치하지 않아 설전을 벌인 적이 있다. 내가 대화에 끼기에는 조금 어려운 내용이라 조용히 두 사람의 대화를 지켜보게 되었는데 흥미진진할 뿐만 아니라 통쾌함까지 느껴져 지금도 그 모습이 잊히지 않는다.

사건의 발단은 박현욱의 장편소설 《아내가 결혼했다》에 대한 서로의 생각을 나누면서 시작되었다. 알다시피 《아내가 결혼했다》는 두 남자와 결혼한 여성의 이야기로 '일처다부제'와 관련 있는 소설. 따라서 화제는 자연스럽게 일부일처제, 일부다처제, 일처다부제 등 결혼 제도로 이어졌다. 그런데 문제는 미국인 친구가 'monogamy 일부일처제', 'polygamy 일부다처제'란 단어는 알고 있었지만 'polyandry 일처다부제'는 모르고 있었다는 것. 아니, 그보다 이근철 선생님이 'polyandry'라고 답하자 그는 순간 얼굴이 빨개지며 정확히는 모르지만 'polyandry'는 아니라고 우기기 시작한 것이 문제였다. 순식간에 논쟁은 결혼 제도에서 과연 일처다부제가 영어로 무엇이냐, 'polyandry'가 맞느냐 맞지 않느냐로 바뀌었는데, 마침 우리 셋 중 누구도 사전을 갖고 있지 않아 확인할 길이 없어 논쟁이 길어졌다. 하지만 단어를 정확히 확신하는 이근철 선생님과 무작정 이근철 선생님이 말한 단어는 아니라고 우기는 미국인의 모습은 누가 봐도 기울 수밖에 없었다.

그런데도 미국인은 물러서지 않으며 이렇게 반박했다.

"나는 미국인이야. 정확히는 몰라도 감은 있어."

"그래? 너는 미국인이지만 전공이 컴퓨터고 나는 언어를 전공했어. 그 때문에 내가 더 전문적일 수도 있다는 거야. 나도 한국인이지만 모르는 한국말이 꽤 있거든. 너도 마찬가지 아냐? 'polyandry'를 기억하는 이유도 내가 대학 시절 공부하며 어려워했던 단어이기 때문이야."

결국 그날의 설전은 결론 없이 끝나 객관적으로는 무승부였다. 이근철 선생님이 나중에 사전을 찾아본 후 다시 이야기하자고 절충안을 냈기 때문이다. 하지만 그날 미국인의 모습은 매우 궁해 보였으므로 나는 과감히 이근철 vs 미국인에게 1 : 0을 선언했다.

이 일이 있은 후 나는 나의 멘토 이근철 선생님에게 자극을 받아 자신감을 갖고 단어 공부에 전념했다. 내가 생각해도 나는 어휘력이 많이 부족했다. 단어장을 만들어 공부한 적도 없고 단어 공부를 하고자 책 한 권을 제대로 읽은 적이 없기 때문이다. 그래서 나는 자극받은 기념으로 큰맘 먹고 단어 책을 구입했지만 결국 세 페이지를 넘기지 못하고 포기하고 말았다. 아무리 그 사람이 좋아도 그 사람이 될 수는 없다고 생각하며 말이다.

그 후로도 나는 친절하게 정리된 단어 책을 서너 번 더 구입했지만 끝까지 본 책은 없다. 단어와 의미가 친절하게 정리된 책은 한두 페이지 보고 나면 다시 손이 가지 않았다. 역시 나의 산만한 성격으로는 스토리 없이 외우는 일은 무리였던 것이다. 그래서 나 역시 단어 공부의 가장 좋은 비법은 알지 못한다. 다만 나같이 단순하고 외우기 싫어하는 성격의 소유자에게 가장 좋은 방법이 무엇인지는 아는 정도다. 성격이 좋아 어휘력을 늘리기 위한 책과 노트를 만들어 정리하면 좋겠지만 그것은 나에겐 도통 불가능하기만 했다.

이렇게 친절한 단어 책이 취향에 맞지 않다면? 아래와 같은 방법을 써볼 것을 권한다.

암기 싫어하는 영철이의 어휘 쫙쫙 늘리기 노하우

하나, 주요 리딩 교재를 단어 공부의 교재로 삼는다

어휘를 늘리는 데 리딩만큼 효과적인 방법은 없다. 나의 리딩 교재는 역시 잡지 《피플》이었으므로 나는 전철에서, 차 안에서, 집에서 소리 내어 읽으며 최소한 한 권당 세 번 이상은 읽었다. 읽으면서 모르는 단어가 나오면 처음에는 앞뒤 문맥을 통해 뜻을 유추한 후 다시 한 번 정독하며 사전을 찾았다. 사전에서 뜻을 찾으면 잡지에 직접 쓰지 않고 연습장에 문장과 함께 기록해두었다. 그리고 가끔 연습장을 다시 보며 뜻을 되새기거나 잡지를 다시 읽을 때 뜻이 생각나지 않으면 연습장에서 확인하곤 했다.

둘, 모르는 단어는 반드시 사전을 찾아 확인한다

혹자는 읽으면서 모르는 단어가 나오더라도 그냥 지나가라고 하지만 내 성질머리는 도저히 그것을 용납하지 않았다. 단어의 뜻이 궁금해 도무지 다음 문장으로 넘어가지 못하는 것이었다. 결국 나는 처음에 대강 훑어볼 때를 제외하고 정독할 경우, 모르는 단어는 처음부터 사전을 찾아 의미를 확인한 후에 반복해서 읽으며 의미를 되새기는 방법을 사용했다. 사전을 찾을 때 중요한 점은 발음과 억양을 정확히 확인해야 완전한 내 단어로 만들 수 있다는 것이다. 이때 도움이 된 것이 영어 사전이 있는 휴대전화. 언제 어디서나 검색할 수 있기 때문이다.

셋, 세 번 마주친 애들은 운명이라 생각하고 호적에 올린다

살다 보면 세 번 이상 만나는 영어 단어들이 있다. 그런 단어들은 내가 어떻게든 기억해 줘야 하는 아이들. 그런 아이들을 기억하려고 사전을 찾을 때마다 볼펜 색깔을 달리하게 되었다. 그렇게 해서 세 가지 색깔로 표시되는 단어들은 운명으로 받아들이고 노트에 확실히 적어놓는다.

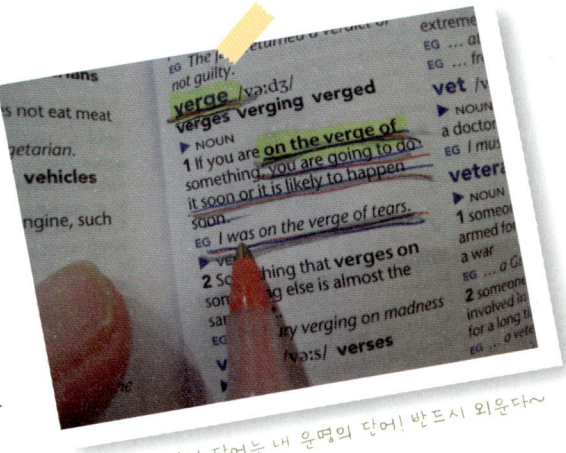

세 번 이상 만난 단어는 내 운명의 단어! 반드시 외운다~

넷, 단어는 문장으로 외운다

단어를 외우는 가장 좋은 방법은 문장으로 외우는 것이다. 그러면 굳이 뜻을 따로 외우지 않아도 되기 때문이다. 단어를 외우는 것보다 문장을 외우는 것이

훨씬 어려우리라 생각하는 이가 많다. 그러나 양이 아니라 질로 따진다면 한번 외운 단어를 잊어버리지 않는 지름길이 바로 문장으로 외우는 것이다.

단어 공부와 관련해 내 생각은 아주 명쾌하다.

수능 수험생이 아니라면 단어 책으로 단어를 공부하는 것보다 책을 많이 읽고 영화나 드라마를 보면서 등장하는 단어들을 확실히 잡아내 문맥과 함께 단어를 기억하는 것이 가장 효과적이라는 사실. 그래야 그 단어가 완전한 내 것이 되기 때문이다.(단어와 문장을 함께 외우는 재미있는 영단어 게임, 부록 246쪽을 참고하세요~)

Best 27

Hit the road~!
가자고요~!

'영철영어' 라디오 시작하는 첫날, 부푼~ 가슴을 안고 방송에서 썼던 표현이랍니다. 직역하면 '길을 쳐라'지만 의미는 '출발하자', '떠나자'라는 구어적인 표현이랍니다. 땅을 박차고 떠나는 이미지를 연상하면 쉽겠지요? 비슷한 표현인 Let's go. 또는 Let's get started.보다 흥이 나지 않습니까? ㅎㅎ 이 책으로 영어 공부 힘을 얻으셨다면 이제 박차고 나가실 때입니다.

그런 의미에서 응용 하나 들어갑니다.

Hit the books! 공부하자고요!

Madam! Super salad?

모 아나운서가 친구들과 해외여행을 갔다가 겪은 일이다. 친구 중 모 씨가 가장 영어에 능통해 여행 내내 가이드 역할을 했고, 그날도 레스토랑에서 친구들을 대표해 주문을 하게 되었다. 친구들의 입맛에 맞춰 웨이터에게 이런저런 내용을 확인하고 주문을 마치고 나자 웨이터가 짧게 물었다.

"Madam! Super salad?"

'super salad라고? 샐러드 크기가 다양한가?'

모 씨는 좀 이상한 생각이 들었지만 마지막으로 주문한 샐러드의 사이즈를 묻는 것으로 생각하고 슈퍼 사이즈를 선택했다.

"Of course. Super salad."

그러자 웨이터는 좀 놀라는 듯하더니 미소를 지으면서 정중하게 인사하고 유유히 사라졌다.

그리고 잠시 후 웨이터는 아주 큰 접시에 담긴 'super salad'를 들고 나타났다. 접시 크기에 놀란 모씨와 친구들이 웅성웅성 대자 웨이터는 모 씨를 향해 살짝 윙크하며 사라졌다. 순간 모 씨는 '아차!' 하는 생각이 들었다. 상황을 돌이켜보니 웨이터는 Super salad?가 아니라 Soup or salad?라고 물은 것이었다. 결론적으로 애피타이저로 수프와 샐러드 중 어떤 것을 선택하겠느냐는 질문에 슈퍼 사이즈의 샐러드를 달라고 한 셈이었다. 그제야 모 씨는 웨이터가 윙크를 한 의미를 이해할 수 있었고, 자신의 실수를 깜찍한 재치로 무마해준 웨이터에게 친구들 몰래 윙크로 화답했다고 한다.

영어뿐만 아니라 프랑스어도 잘하는 아나운서 모 씨. 그녀에게 실수담을 들은 후 그날부로 모 씨가 인간 적으로 보였다. 또 한 번도 만나보지 못한 웨이터가 너무 귀엽게 느껴졌다.

그 순간 떠오르는 속담 하나.

Even Homer sometimes nods.* 원숭이도 나무에서 떨어질 때가 있다.

* 직역하면 '심지어 호머(호메로스의 영어식 이름. 유럽 문학 최고의 서사시라고 불리는 《일리아드》, 《오디세이아》의 작가)도 졸 때가 있다'란 뜻이에요. 공감가지 않나요? ㅋㅋ

알파벳 26자로 만드는 내 영어의 신조

알파벳 26자를 머리말로 내 영어의 신조를 만들어보자. 단어도 찾아보고 각오도 다지고, 내 영어가 업그레이드될 때마다 더 좋은 표현으로 바꿔볼 수도 있고 쏠쏠하게 도움이 된다. 영철이 것을 샘플로 보고 영어 공부 분기별로 업그레이드해보자.

Aim   목표를 세우면 망망대해에도 길이 생겨!
Braveheart   좀 틀려도, 묻기 부끄러워도 뚫고 나가는 빵빵한 배짱
Challenge   외국어는 도전하고 깨지고 부딪혀야 성장한다!
Diligence   하루에 두 번 세수하고 양치하듯 하는 부지런함
Effort   언어는 진실하다, 노력한 만큼 나온다.
Freedom   영어 문법 좀 틀려도 법에 저촉받지 않으니 보다 자유로운 마음으로~
Gradually   영어 공부 목표를 정하고 목표를 향해 꾸준히!
Habit   하루라도 안 하면 입에 털이 날 만큼 습관으로 만들어라.
Investment   영어 공부는 미래를 위한 과감한 투자, 열심히 투자하자!
Joy   공부는 억지로가 아니라 즐겁게!
Keen   공부할 때는 완전 열중
Life   생활 속에서 찾아보고 생활 속에서 반드시 써먹어야 한다는 거!
Make   영어 환경 없다고 탓하지 말고 내 스스로 만든다!
Network   내 영어의 1촌, 멘토 등 인맥 네트워크 만들어야 한다는 거!
Overaction   웅얼거리지 말고 평소보다 한 톤 높여서 오버액션으로 말해보자!
Practice   쓰지 않는 모든 것들은 굳어버린다! 내 영어를 살아 있게 할 유일한 방법, 실천
Question   질문 또 질문. 배우는 자의 기본자세 유지~

Repeat   모든 영어 표현은 최소한 다섯 번은 반복해서 써먹어야 내 것이 된다네!^^
Suffering   어떤 고난도 이겨낸다!
Talk   영어로 수다 떨 각오~
Until   몬트리올 코미디 페스티벌에 정식 참가하는 그날까지!
Victory   영어 너만큼은 승리로 장식하마.
Whenever, wherever, whatever   언제, 어디서든 영어 공부거리가 있다면 무엇이든 곧 바로 실행~
Xenophobia   외국인 공포증 안녕~ 처음 보는 외국인 앞에서도 당황하지 않는~
Yellow card   게을러지면 스스로에게 경고를!
Zenith   영어를 시작했다면 내 인생에 한 번쯤은 영어 정점에 올라보자!

에필로그

영어는 스스로
돕는 자를 돕는다!

이 책을 쓰기 시작한 것은 사실 2005년부터다. 그런데 책을 쓰다 보니 나의 부족한 면이 점점 드러나 도저히 더 이상 써내려 갈 수가 없었다. 그때부터 부족함을 채우기 위한 또 다른 도전이 시작되었다. 그러므로 이 책의 첫 독자는 바로 나 자신이었다. 책을 쓰는 동안 나는 더욱 열심히 공부했고, 그 결과 부족한 점들을 채워 이 책이 세상에 나올 수 있었다.

더불어 새로운 꿈과 포부도 갖게 되었다. 내가 영어 공부를 시작한 것은 영어로 개그를 하고 싶다는 생각에서 비롯된 일이었다. 그 당시는 그 꿈이 언제 이루어질지 모르는 먼 미래의 일이었다. 하지만 2008년 그 꿈이 이루어졌다. 캐나다 관광청의 지원으로 몬트리올 코미디 페스티벌에 참가하게 되었기 때문이다. 목표했던 바가 이루어지자 나는 점점 큰 욕심을 내게 되었다. 그 욕심 중에는 먼 훗날 영어로 개그를 가르치겠다는 포부로 테솔 자격증에 도전할 계획도 포함돼 있다.

내가 영어 공부를 중단하지 않는 것은 바로 이런 점 때문이다. 영어는 나를 현실에 안주하게 하지 않고 새로운 일에 도전하게 한다는 것. 그것이 내가 제일로 꼽는 영어의 매력이다. 그리고 또 하나 영어는 너무도 정직해 공부하는 이를 배신하지 않는다. 본인이 공부한 만큼, 딱 그 만큼만 실력이 늘어난다. 가혹하다고 생각하는 이도 있을 것이다. 하지만 공부하는 사람에게 그것만큼 힘이 되는 것은 없다. 외모도 학벌도 뒷빽(?)도 통하지 않고 만인에게 평등한 영어. 영어 실력은 오직 스스로의 노력이 좌우한다는 것을 잊지 말자.

아무쪼록 이 책을 통해 많은 사람들과 영어 공부에 대한 열정과 자신감을 나누었으면 한다. 그리고 묵묵히 영어 공부의 마라톤을 떠나려 하는 독자들에게 무한한 애정을 담아 승리를 기원한다.

"Surely you can do it and I'll keep my fingers crossed for you!!"

YOUNGCHUL ENGLISH
Appendix
영철영어 뒷담화

영철영어 뒷담화 ❶

영철이의 드라마 공부법

❶ 집중적으로 감상할 드라마 한 편을 고른다. ×××가 좋다, 아니다. ××가 좋다. 이런 말에 신경 쓰지 말고 자신의 취향에 맞는 드라마를 선택한다.
❷ 홈페이지에 접속해서 시놉시스, 등장인물 등을 살펴보면서 워밍업을 한다.
❸ 한 번 보고 두 번 보고 자꾸만 본다.
❹ 처음에는 자막 없이 그냥(자주 들리는 단어나 문장에 주목하면서), 두 번째는 영문 자막 보면서(나는 이때 가끔씩 한글 자막을 동시에 보기도 했다. 이해를 돕기 위한 소도구라고나 할까?), 세 번째는 다시 자막 없이(요 시기에는 내용을 받아 적는 수고를 반드시 거친다. 잘못 알아들었을 때는 먼저 들리는 대로 한글로 받아 적은 후 DVD의 장점을 십분 활용해 다시 듣기를 통해 문장을 완성한다).
❺ 스크립트는 처음부터 의도적으로 구하지는 않았다. 다만 최종적으로 받아 적은 내용을 정리할 때는 스크립트를 참조했다.
❻ 다 본 후에는 기억에 남는 대사를 써가며 내용을 음미한다.

〈프리즌 브레이크〉를 보고 나서…

Time is running out. 시간이 없어.
'탈옥(Prison Break)'이라는 제목에 어울리게 감시망을 피해 긴박하게 탈출해야 하는 장면이 많았다. 그럴 때 자주 쓰는 말은 Time is running out.(시간이 없어.) 비슷한 표현으로는 There's no more time.(시간이 다 됐어.)

You have my word. 약속 지킬게. / 제 말 믿으세요.
탈옥 과정 중에 끊임없이 사람들에게 믿음을 주고 회유해야 하는 상황에서 자주 등장하는 말. 그중 기억에 남는 장면이 스코필드(한국어 애칭 석호필)의 탈출을 도와주러 온 요원이 하는 말이다.
I'm here to pick you up. You have my word. 널 데리러 왔어. 내 말 믿어.
처음에 뜻을 몰라 "'내 말 가져?'가 무슨 뜻일까?" 하고 무척 고민했었다. 사전을 찾아 뜻을 안 후 얼마나 속이 시원하던지. ^^

Do you mind answering a few more questions? 몇 가지 질문해도 될까요?
'탈출하기에도 바쁜 와중에 참 예의 바르게 묻는다'는 생각을 하게 한 질문. Do you mind ~ing는 꼭 알아두어야 할 표현. 질문도 중요하지만 대답도 잘해야 한다. 예를 들면 다음과 같다.

질문 : **Do you mind changing seats with me?** 나랑 자리 바꿀 수 있나요?
대답 : **No. I don't mind.** 네, 괜찮아요.
　　　Actually, I do mind. 아뇨.

We've met before? 전에 만난 적 있죠?

보다 정확한 의문의 표현은 Have we met before?이다. 석호필은 시즌 2에서 결국 아버지의 실체를 알게 되고, 급기야 만나게 된다. 당황한 석호필은 아버지에게 이렇게 외친다.

We've met before? It was you. Stay away from me!
전에 만난 적 있죠? 당신이었군요. 내게서 떨어지세요!

Take that back. 그 말 취소해.

형 : **You should let them.** 그들을 (감옥에) 내버려둬야 돼.
석호필 : **Take that back.** 그 말 취소해.

Take that back.은 직역하면 '그 말 가져가'로 우리말의 '그 말 취소해'에 해당하는 말이다.

Over my dead body! 내 눈에 흙이 들어가기 전까진 절대 안 돼!

시즌 2에서 에피소드 15편에 나오는 표현. '죽어도 안 된다'는 의미로 No way!와 같은 뜻이다.

Are you in or are you out? (탈출) 할 거야 말 거야?

탈출을 고민하는 친구들에게 묻는 말. 찬성하면 Let me in.(나도 껴줘.), 반대는 Let me out.(나는 빼줘.)

(You just need to) have a little faith. 그냥 작은 신념만 가지고 있어.

형이 동생 석호필에게 자주 했던 말.

전화 통화할 때 요런 표현은 기본

대답할 때
(Young-chul) Speaking. (영철) 입니다.
This is Young-chul (speaking).

마야 좀 바꿔줄래요?
I'd like to speak to Maya, please. 마야와 통화하고 싶습니다.
Is Maya in? 마야 있습니까?

바꿔줄 때(잠시만 기다리세요.)
One moment, please.
Just a moment, please.
Hold on, please.

잘못 걸었을 때
What number did you call(= dial)? 어디에 전화하신 겁니까?
You've got the wrong number. Let me give you the number you need.
전화를 잘못 거셨습니다. 그쪽 전화번호를 가르쳐드리겠습니다.

바꿔줄 상대가 부재중일 때
I'm sorry but he's not here right now. 죄송합니다만 그는 지금 자리에 없습니다.
He's in a meeting. 그는 지금 회의 중입니다.
He's just stepped out. 그는 방금 나갔습니다.
His line is busy. / He's on another line right now. 그는 지금 다른 전화를 받고 있습니다.

메시지를 받아들일 때
May I take a message? 메시지 남겨드릴까요?

May I have your name and number? 성함과 전화번호를 알려주시겠어요?
I'll tell him that you called. 전화 왔었다고 전해드리겠습니다.

전화를 다시 걸겠다고 할 때
Could you tell him I'll get back to him later? 다시 전화하겠다고 그에게 전해주시겠어요?
Would you tell him I'll phone back in an hour?
한 시간 내로 다시 전화한다고 그에게 전해주시겠어요?
That's OK, I'll call you back. 괜찮습니다. 나중에 전화드리죠.

상대가 돌아오는 시간을 물을 때
When will he be back? 그는 언제 돌아오나요?
Do you know when he'll be back? 그가 언제쯤 들어오는지 아세요?
When can I get in touch with him? 언제쯤 다시 전화하면 그가 있을까요?

영철영어 뒷담화 ❸

여행지에서 유용한 표현

뭔가를 물을 때 유용한 표현

낯선 곳을 여행할 때는 모르는 것투성이다. 가이드북에 의존하면 편하겠지만 나처럼 가이드북 없이 '입'으로만 여행할 때는 특히 더 그렇다. 그럴 때를 대비해 알아두어야 할 표현들을 정리했다.

Let me ask you something. 뭐 좀 여쭤볼게요.
여행지에서 뭔가를 물을 때 쓰는 유용한 표현으로 Can I ask you something?, I have a question.이란 말로도 쓸 수 있다. 묻기 전에 공손히 Excuse me.를 말하는 센스가 가미되면 더욱 좋다.

I'm looking for~ (어디)를 찾고 있어요.
학창 시절 배웠던 표현 중 사회에서도 유용하게 사용하는 것 중 하나. 여행지에서는 모르는 곳을 많이 찾아다니므로 자주 쓰게 된다.
I'm looking for the information desk. 안내 데스크를 찾고 있어요.
I'm looking for the train station. 기차역을 찾고 있어요.
I'm looking for the National Folklore Museum. 국립민속박물관을 찾고 있어요.
요 앞에도 Excuse me, sir(ma'am).을 쓰면 좋다.

Can I have a~ / Can I get a~? ~을 구할 수 / 얻을 수 있을까요?
식당, 비행기 등등에서 자주 쓰는 표현이다.
Can I have a napkin, please? 냅킨 좀 주시겠어요?
Can I get some water, please? 물 좀 주시겠어요?
Can I have a pillow and a blanket, please? 베개와 담요 좀 주시겠어요?

Where can I + 동사 원형 어디서 ~을 할 수 있나요?
바로 위 표현을 조금 응용하면 좀 더 구체적인 정보를 얻을 수 있다.
Where can I get a taxi? 어디에서 택시를 탈 수 있어요?
Where can I change some money? 어디에서 환전할 수 있나요?
Where can I wash my hands? 화장실이 어디 있나요?

여행지에서 곧바로 쓸 수 있는 표현 모음
호텔에서
I have a reservation. 방을 예약했습니다.

My name is Young-chul Kim. Here is the confirmation slip.
제 이름은 김영철입니다. 여기 예약 확인서가 있어요.

I'd like to check in. 체크인하려고 합니다.

Please wake me up at seven tomorrow morning. 내일 아침 7시에 깨워주세요.

What time can I have breakfast? 아침은 몇 시에 먹을 수 있어요?

Do you have a laundry service? 세탁 서비스를 받을 수 있을까요?

Do you offer room service? 룸서비스를 받을 수 있을까요?

Would you send a bell boy for my bag, please. 짐을 옮길 사람을 보내주세요.

I'd like to stay a day longer. 하루 더 연장하고 싶어요.

I need to check out. 체크아웃할게요.

레스토랑에서
I'd like to see the menu, please. 메뉴를 보여주십시오.

I'd like to eat a local specialty. 이 지역의 특선 요리를 먹고 싶습니다.

What do you recommend? 무엇을 추천하십니까?

What's today's special? 오늘의 스페셜 요리는 무엇입니까?

Steak, please. 스테이크를 부탁합니다.

Well-done, please. 웰던으로 해주세요. (very rare < rare < medium < well-done)

What do you have for dessert? 후식으로 무엇이 있습니까?

Can I get this to go? 포장해갈 수 있도록 해주시겠어요?

May I have the bill, please? 계산을 부탁합니다.

May I have a receipt, please? 영수증을 줄 수 있습니까?

차를 렌트할 때

I'd like to rent a car. / I'm here to rent a car. 차를 렌트하려고요.

Do you have any convertibles? 컨버터블 차가 있나요? (convertible은 오픈 카를 말한다.)

What's the daily rate for a compact?
컴팩은 하루 요금이 얼마죠? (compact car는 소형의 경제적인 차를 말한다.)

What's the daily mileage for this car? 제한 거리는 하루에 몇 마일이죠?

I'd like a car with unlimited mileage. 언리미티드 마일리지로 할게요.

렌트 카의 마일리지(주행 제한 거리)에는 리미티드(limited)와 언리미티드(unlimited) 마일리지가 있다. limited는 정해진 기간에 제한된 거리만 달려야 하는 반면에 가격은 좀 싸고, unlimited는 무제한 거리를 달릴 수 있지만 가격이 limited보다 비싸다.

영철영어 뒷담화 ❹

영철이의 영화 원제목 놀이

〈미스터 플라워〉 Bed of Roses
꽃집 주인인 크리스찬 슬레이터가 사랑을 얻기 위해 한 시간에 한 번씩 엄청난 핑크 장미 다발을 배달해 여주인공의 집을 장미밭으로 만들었던 영화.(화훼 농원 하시지 않는다면 따라하지 마십시오. --;) 원제목은 직역하면 '장미로 만든 침대'란 뜻이지만 '안락한 생활(상태)'이라는 관용 표현으로 주로 쓰인다. 응용해서 Life isn't always a bed of roses.(인생이 늘 행복하고 안락한 것은 아니다.)처럼 쓸 수 있다. 그렇지만 크리스찬 슬레이터가 보낸 엄청난 양의 장미를 생각하면 말 그대로 여주인공이 '장미로 만든 침대'를 쓸 수 있지 않을까? ㅋㅋ

〈우리 사랑해도 될까요?〉 The Family Stone
〈섹스 앤 더 시티〉의 세라 제시카 파커가 '스톤'가의 며느리가 될지 말지가 주요 내용인 영화. 원제목은 언뜻 봤을 땐 '돌 가족', 또는 '가족의 돌'이라고 오해하기 쉽지만 정확히는 '스톤가네'. 그러니까 우리말로 하면 '김 씨네' 정도가 되겠다. 스톤 씨네가 어떻게 '우리 사랑해도 될까요?'가 됐는지가 더 궁금했던 영화.

〈여수〉 September Affair
최근 영화보다 고전이 더더욱 원 제목과 거리감이 있다. 대표적인 것이 불후의 고전 〈여수〉. '여수'는 melancholy를 뜻하는 듯한데, 도대체 9월의 정사와는 어떤 연결고리가 있는 걸까?

〈북북서로 진로를 돌려라〉 North By Northwest
노스웨스트는 항공사 이름으로 '노스웨스트 항공기를 타고 북쪽으로 가라'가 원제목의 의미. 노스웨스트가 항공사라는 사실을 간과하고 심하게 직역한 결과 원제와는 전혀 다른 제목이 탄생했다. 요건 번역의 오류라고.

〈내겐 너무 가벼운 그녀〉 Shallow Hal
shallow는 '천박한, 얄팍한, 속물'이라는 뜻이며 Hal은 주인공 남성 이름이다. 직역하면 '속물(스러운) Hal'이다. '속물 영철, 속물 영희…' 영화 제목으로 참 희한하다는 생각이 든 영화. 제목만 보면 〈친절한 금자 씨〉가 생각났던 영화이기도 하다.

영철영어 뒷담화 ⑤

영철이의 책꽂이

책꽂이에 있는 책 중 기억에 남는 책 세 권을 엄선했다. 단어가 평이하고, 문장도 길지 않아 읽기 편하면서도 내용까지 감명 깊은 책으로 '영어 공부 좀 한다' 하는 이라면 이 정도는 읽었다고 하던데….ㅎㅎ

1. 《Tuesdays with Morrie 모리와 함께한 화요일》 by Mitch Albom

책표지에 있는 "This book is an incredible treasure.(이 책은 아주 훌륭한 보물이다.)"라는 문구처럼 감동적인 책. 루게릭병으로 죽어가는 스승 모리 교수와 매주 화요일마다 10여 차례 만나 나눈 얘기를 엮었다. 의학 용어가 좀 많긴 하지만 읽는 데 지장을 줄 정도는 아니다.

기억에 남는 명구절

It is 1979, a basketball game in the Brandeis gym. The team is doing well, and the student section begins a chant, "We're number one! We're number one!" Morrie is sitting nearby. He is puzzled by cheer. At one point, in the midst of "We're number one!" he rises and yells, "What's wrong with being number two?"

The student look at him. They stop chanting. He sits down, smiling and triumphant.

1979년, 브랜다이스대학 체육관에서 과 대항 농구 경기가 벌어지고 있었다. 우리 팀이 잘 뛰자, 학생들은 한목소리로 응원 구호를 외친다. "1등은 우리 것! 1등은 우리 것!" 모리 교수님이 부근에 앉아 있다. 그는 이 구호에 어리둥절해한다. 그래서 "1등은 우리 것!" 하고 외치는 중간에, 벌떡 일어나서 그는 소리친다. "2등이면 어때?"
학생들이 그를 바라본다. 그들은 구호 외치기를 멈춘다. 선생님은 앉아서 승리에 찬 미소를 짓고 있다.

2. 《Undress Your Stress 스트레스를 벗어던져라》 by Lois Levy

미국에서 2달러 주고 구입해 비행기 안에서 다 읽은 책. '신기하고 재미있는 34가지 스트레스 해소법'이라는 부제처럼 스트레스를 해소할 수 있는 깜찍한 방법이 소개되어 있다. 역시 30여 개의 작은 섹션으로 나뉘어 있어 읽기 편하다.

기억에 남는 명구절
"What do you want to be? 뭐가 되고 싶은지요?"
"I would like to be myself. I tried to be other things but I always failed.
나 자신이 되고 싶어요. 다른 것이 되고 싶어 시도해봤지만 늘 실패했어요."

3. 《The Alchemist 연금술사》 by Paulo Coelho

양치기 소년 산티아고가 마음의 속삭임에 귀를 열고 자신의 보물을 찾으러 떠난 길에서 늙은 왕, 화학자, 도둑, 파티마라는 여인 등을 만나고 마침내 연금술사를 만나 자신의 보물을 찾기까지의 과정이 극적으로 펼쳐지는 소설. 한글판을 읽을 때는 마치 한 편의 동화를 읽듯 단숨에 읽었다. 하지만 영문판을 읽다 보니 약간 철학적인 은유가 많아 행간을 이해하는 데 시간이 다소 걸렸던 책이다.

기억에 남는 명구절
"When you aspire for something with passion, all the universe conspires to make it happen. 자네가 무언가를 간절히 원할 때 온 우주는 자네의 소망이 실현되도록 도와준다네."

부담 없는 이메일 쓰기

비즈니스용이 아닌 안부 이메일은 형식 없이 자유롭게 쓸 수 있으므로 친구와의 관계도 돈독해지고, 영어도 느는 일석이조의 효과가 있다. 시시콜콜한 이야기지만 마야 선생님과 주고받은 이메일을 살짝 공개한다.

To Maya
From Young-chul

Hi, my BFF.
I saw your e-mail & your BF's e-mail at the same time. Keke
안녕, 나의 영원한 베스트 프렌드. (요기서 BFF는 Best Friend Forever의 줄임말이다.)
네 메일과 네 남자 친구 메일을 동시에 봤어. ㅋㅋ (keke는 우리의 ㅋㅋ와 같다.)

When I go to New York, I want to see you first.
You are still my No.1. That's Boa's song. Remember? It reminds me of the time when we were in Gangnam and we went to the karaoke bar.
When I get to the States, I want to hang out with you and your friends like we did in Gangnam.
뉴욕에 가면, 널 제일 먼저 만나고 싶어.
넌 아직도 나의 첫 번째잖아. 이거 보아 노래야. 기억나? 이 노래는 네가 강남 있을 때 우리 함께 노래방 갔던 기억을 떠올리게 해.
미국가면 너랑 너 친구들이랑 우리 강남에서 놀았던 것처럼 놀고 싶어.

Anyway, the timing's not right for me.
Can I take a rain check?
I'd love to go there in winter.
Can you wait until winter?
어쨌든, 시간이 좀 안 맞네.

만나기로 한 약속 연기해도 될까?
나는 그곳에 겨울에 가고 싶어.
겨울까지 기다려줄 수 있지?

Have a nice trip too.
So....let's meet up soon,,,,,,,,,,,,,,,,,,,,,,,,,in winter.
best regards.
너도 여행 잘하고.
그럼… 우리 조만간 만나자,,,,,,,,,, 겨울에.
잘 지내.

- Young-chul

To Young-chul
From Maya

Hey~ your e-mail made me laugh! I totally agree. Let's get together in winter.
It's a good time because people usually take off from work then.
어이~ 네 메일 웃겼어! 나 완전 공감이야. 우리 겨울에 뭉치자. 사람들도 그때 많이들 놀고 하니깐 그때가 좋겠다.

Lately Jay and I have been discovering some good restaurants in Korea Town.
So if you start to miss Korean food when you are here, we can go there.
Also, there are some good noraebang there too. Kurt LOVES it in Korea

Town.

최근에 제이(마야 남친)랑 나랑 한인 타운에 있는 괜찮은 식당들 좀 발견했지롱.
너 여기 와서 한국 음식 그리우면 거기 가면 돼.
또, 노래방도 있어. 컬트(마야 친구) 한인 타운 너무 좋아해.

My birthday was last weekend. Me and all my friends had sam gyeopsal in Korea Town.
It was DELICIOUS. The restaurant is called Chung Moo Ro.
We had really good bossam. Jay said it was better than in Seoul!
And of course there are a lot of other things to do here too.

내 생일 지난주였어. 나랑 내 친구들 싹 다 한인 타운에서 삼겹살 먹었어.
진짜 맛있더라. 충무로라는 레스토랑이었어.
우리 정말 맛있는 보쌈 먹었거든. 제이는 서울보다 낫대!
물론 여기 오면 그런 거 말고도 많아.

Today Jay and I went to MoMA(Museum of Modern Art). It was really cool.
We bought a bunch of stuff in the giftshop.

오늘 제이랑 나는 모마(현대미술박물관)에 갔어. 완전 좋더라.
선물 가게에서 뭐 좀 많이 샀어.

Take care! Looking forward to seeing you in winter.

잘 있어! 겨울에 보는 거 학수고대하고 있어.

이메일 영어의 기본

친구를 일컫는 호칭
Hi, BFF
Hey there
Hello ××

일과 관련된 메일이거나 형식을 갖춰 쓰고 싶을 때는 Dear ××로 시작한다.

서두에 인사말로 자주 쓰는 표현
How have you been? (그동안) 어떻게 지냈니?
How the heck are you? 도대체 너 어떻게 지냈니?
친한 사이에 자주 쓰는 표현이다.
I wondered how you were doing. 너 어떻게 지내고 있는지 궁금했어.
I am sorry for the late reply. 답장 늦어서 미안해.

마지막 인사말로 자주 쓰는 표현
Best regards. 안부 전할게. / 행운을 빌어. / 잘 지내.
Best regards.는 다양한 의미가 있는 말로 편지 쓸 때 가장 마지막에 자주 쓰는 관용어구다. Take care, Best wishes, Be well.도 같은 의미다.
Yours sincerely. 안녕히 계세요.
Dear ××로 시작했다면 마지막 역시 정중하게 마무리해야 한다.

메일이나 문자, 채팅에서 자주 쓰는 줄임말
u : you
ur : you're
PLS : please
bro : brother
sis : sister

sth : something

sb : somebody

BF : best friend

hru : How are you? 어떻게 지내?

ASAP : as soon as possible 가능한 한 빨리

BTW : by the way 그런데

BFN : bye for new 그럼 안녕

IMO : in my opionion 내 견해로는

IOW : in other words 다시 말해

AKA : also known as 다른 이름으로

OIC : Oh, I see. 알았어.

OTL : out to lunch 정신 나간

OTOH : on the other hand 반면에

HHOK : ha ha only kidding 하하 농담이야.

warning 과유불급. 우리말이든 영어든 줄임말을 너무 많이 쓰는 것은 바람직하지 않다는 걸 잊으면 안 되겠지요?

영철영어 뒷담화 ❽

영철이식 fun fun 문법 맛배기

뜨겁게 다시 만난 문법은 재미있게, 머리에 쏙쏙 들어오게 공부하길 바라며 공개하는 짧은 문법 특강. 대학에서 강의할 때 미래 시제 표현인 be going to~와 will의 차이를 헷갈려 하던 학생들에게 가르쳤던 내용이다.

다 같은 미래 시제? be going to~와 will의 차이

be going to~와 will은 모두 앞으로 무언가를 할 것이라는 결정을 나타냅니다. 하지만 미묘한 차이가 있어요. be going to~는 예정된 결정이고 will은 순간의 결심에 가깝습니다. 잘 구분이 안 간다고요? 상황 응용 들어갑니다.

영어에도 애드리브가 있는데 바로 will이 애드리브 상황이라고 할 수 있어요. 자, 좀 더 확실한 이해를 위해, 혈액형이 A형인 학생 손들어 봐요. A형은 인생 대충대충 못 살기 때문에 만약 제니퍼를 오늘 밤 만나려면 최소한 어제까지는 약속이 되어 있어야 합니다. 왜? 소심하니까. A형은 절대 will로 제니퍼를 만나지 못해요. be going to~처럼 예정돼 있어야 하지요.

A군 : (이미 약속하고) I'm going to see Jennifer tomorrow. 나 내일 제니퍼를 만날 예정이야.

다음은 B형. 순간의 감정에 충실한 B형은 당연히 will이겠죠. 제니퍼와 약속이 되어 있지 않더라도, 아니 몇 년 동안 연락을 하지 않다가도 B형은 보고 싶다는 생각이 드는 순간 바로 전화해서 만나자고 할 타입입니다. 바로 그런 경우가 will이죠.

B형 : (즉흥적으로) I'll see Jennifer tomorrow. 내일 제니퍼 만나야지.

영철영어 뒷담화 ❾

영어 단어 쿵쿵따~

노트에 열두 번 적고 웅얼거리는 식의 단어 암기에 물렸을 때 해보면 신선한 자극이 될 영어 단어 놀이를 소개한다. 여럿이 하면 더욱 재밌고, 혼자서도 가능한 게임으로 방법은 간단하다.

❶ 먼저 단어를 말한다.
❷ 리듬에 맞춰 단어를 이용해 짧은 문장을 만든 후 '쿵쿵따!'를 외친다.
❸ 다음 사람은 앞 사람이 말한 단어의 맨 끝 철자로 시작하는 단어를 말한다.
❹ 역시 리듬에 맞춰 단어를 이용해 짧은 문장을 만든 후 '쿵쿵따!'를 외치며 다음 사람에게 토스한다.

처음에는 쉬운 단어로 몸 풀고 시간이 경과할수록 요즘 배운 단어를 활용하는 것이 관건. 혼자서 하다 보면 시간 가는 줄 모르고, 잠이 안 올 때 수면제로도 효과적이다. 단어와 문장을 동시에 공부하는 지름길로 강추한다!

(쿵쿵따~) Name, what's your name? 이름, 이름이 뭐예요?
(쿵쿵따~) Excellent, that's an excellent idea. 훌륭한, 그건 훌륭한 아이디어야.
(쿵쿵따~) Arrow, time flies like an arrow. 화살, 시간은 화살같이 지나간다.
(쿵쿵따~) Wired, it tastes weird. 기묘한, 기묘한 맛이야.
(쿵쿵따~) Deserve, you deserve it. ~할 자격이 있다, 너는 그럴 자격이 있어.
(쿵쿵따~) Trigger, the hunter pulled the trigger. 방아쇠, 그 사냥꾼은 방아쇠를 당겼다.
(쿵쿵따~) Resolution, what's your New Year's resolution? 결심, 새해의 결심은 무엇이죠?

영철영어 뒷담화 ❿

영철이의 책상 앞 격언들

영어 공부는 마라톤. 긴 시간 동안 지구력과 추진력을 얻는 작업이 필요하다. 책상 앞이나 노트에 영어 속담이나 격언들을 적어놓고 나름대로의 해석을 덧붙여 틈틈이 보도록 하자. 스스로를 응원하는 오아시스가 된다.

A bad workman always blames his tools. 서투른 목수 연장 탓한다.
영철 해석 : 시간 탓, 환경 탓 하지 말고 책임 완수~

Too many books make us ignorant. 너무 많은 책은 우리를 무지하게 만든다.
영철 해석 : 공부한 내용은 머릿속에만 넣지 말고 활용해. 어서~

God gives every bird his worm, but he does not throw it into the nest.
신은 모든 새에게 벌레를 주지만, 둥지에 넣어주지는 않는다.
영철 해석 : 부지런히 발품 팔아 내 영어 몫은 내가 챙긴다!

An eye for an eye and a tooth for a tooth. 이에는 이, 눈에는 눈.
영철 해석 : 영어 때문에 무시당했다면 반드시 영어로 갚아주리라!

Luck comes those who are after it. 행운은 구하는 자에게 온다.
영철 해석 : 영어 행운이 나를 못 찾아 안달이 날 정도로 공부해보자~

It's always darkest before the dawn. 동트기 전이 가장 어두운 법이다.
영철 해석 : 힘들 땐 조금만 참자, 곧 고지가 보인다!

Tighten your helmet strings in victory. 승리했을 때 투구 끈을 졸라매라.
영철 해석 : 칭찬 받는다고, 곧잘 한다고 긴장을 늦추면 안 돼~

There is no royal road to learning. 학문에는 왕도가 없다.
영철 해석 : 내 특성에 맞는 공부 방법을 찾아 열심히 그리고 꾸준히~

He that goes to bed thirsty rises healthy. 술을 참고 잠든 자는 건강하게 잠을 깬다.
영철 해석 : 술과의 전쟁 선포. 참자, 참자. 낼 아침 수업을 위해!

No time like the present. 지금이 가장 좋은 시기다.
영철 해석 : 영어 공부는 현재 진행형으로 할 것. 바로 지금, 당장 해야 한다.

Out of sight, out of mind. 눈에서 멀어지면 마음에서 멀어진다.
영철 해석 : 잊을 새가 없이 내 주변을 영어로 도배하자~

Slow and steady wins the race. 천천히 꾸준하게 하는 사람이 승자가 된다.
영철 해석 : 조급해서 벼락치기 할 생각하지 말고 매일 꾸준히 공부하자.

You reap what you sow. 뿌린 만큼 거둔다.
영철 해석 : 잊지 말자. 영어도 인생도 딱 노력한 만큼 거둔다는 진리~

Never say never. 안 된다고 말하지 말라.
영철 해석 : 할 수 있다, 할 수 있다, 반드시 해낸다!